WOUTERS dit DE WESTPHALE

ALPHONSE GOOVAERTS

Bibliothécaire-Adjoint de la ville d'Anvers

Membre de la Commission Provinciale des Inscriptions Funéraires et Monumentales de la province d'Anvers ; Membre correspondant de la Société pour l'Histoire de la Musique dans les Pays-Bas, à Amsterdam ; Membre de la section des Beaux-Arts de l'Institut Philosophique d'Aquitaine, à Bordeaux ; Co-fondateur et Membre effectif de la Société des Bibliophiles Anversois, Membre correspondant de l'Académie d'Archéologie de Belgique.

ANVERS

IMPRIMERIE GUIL. VAN MERLEN, GRANDE RUE PIERRE POT, 26

1870

WOUTERS *dit* DE WESTPHALIE

DU MÊME AUTEUR.

1. Notice biographique et bibliographique sur Pierre Phalèse, imprimeur de musique à Anvers au XVIe siècle, suivie du catalogue chronologique de ses impressions. Bruxelles. 1869.

—

2. Levensschets van Ridder Leo de Burbure, toonzetter en geschiedschrijver. Antwerpen. 1871.

—

3. Une nouvelle œuvre de Pierre Benoit, analysée par Pierre Phalèse. Anvers. 1871.

—

4. Een nieuw werk van Peter Benoit, ontleed door Peter Phalesius. Antwerpen. 1871.

—

5. Notice historique sur un tableau de Michel-Angelo da Caravaggio (Anvers-Vienne). Anvers. 1873.

—

6. De Kerkmuziek. Bedenkingen over haren huidigen toestand en beknopte geschiedenis aller scholen Europa's. Antwerpen. 1876.

—

7. La Musique d'Église. Considérations sur son état actuel et histoire abrégée de toutes les écoles de l'Europe. Anvers. 1876.

—

8. Généalogie de la famille de Liagre. Anvers. 1878.

—

9. Le peintre Michel-Ange Immenraet et sa famille. Bruxelles. 1879.

—

SOUS PRESSE.

10. Histoire et Bibliographie de la Typographie Musicale dans les Pays-Bas. (*Ouvrage couronné par l'Académie Royale des Sciences, des Lettres et des Beaux-Arts de Belgique.*)

GÉNÉALOGIE

DE LA FAMILLE

WOUTERS dite DE WESTPHALIE

PAR

ALPHONSE GOOVAERTS

Bibliothécaire-Adjoint de la ville d'Anvers

Membre de la Commission Provinciale des Inscriptions Funéraires et Monumentales de la province d'Anvers; Membre correspondant de la Société pour l'Histoire de la Musique dans les Pays-Bas, à Amsterdam; Membre de la section des Beaux-Arts de l'Institut Philosophique d'Aquitaine, à Bordeaux; Co-fondateur et Membre effectif de la Société des Bibliophiles Anversois; Membre correspondant de l'Académie d'Archéologie de Belgique.

ANVERS

IMPRIMERIE GUIL. VAN MERLEN, GRANDE RUE PIERRE POT, 24.

—

1879

INDEFESSUS.

La famille WOUTERS dite DE WESTPHALIE, dont le. nom primitif parait avoir été WOLTERS, est d'ancienne noblesse et d'origine allemande [1].

Tous les hérauts-d'armes et généalogistes qui s'occupèrent d'elle lui assignent pour auteur Rodolphe WOUTERS, chevalier de l'Ordre Teutonique et commandeur, en 1451, de Rössel en Prusse [2] d'après le contenu d'un acte passé dans cette même année, devant l'évêque d'Utrecht.

Quoiqu'il en soit, nous sommes parvenu à établir sa filiation d'une manière irréfutable jusque dans la seconde moitié du quinzième siècle.

---

[1] Le présent travail rectifie et complète entièrement celui que nous avons publié dans notre ouvrage intitulé : *Généalogie de la Famille* DE LIAGRE.

[2] Cette ville fait aujourd'hui partie de la régence de Königsberg dans la province de Prusse. Son Château date de 1240.

Les WOUTERS dits DE WESTPHALIE ont toujours porté : *coupé, d'argent à l'arbre arraché de sinople, et d'azur au lévrier courant d'argent coleté d'or.* Leur devise était : INDEFESSUS !

I. Guillaume WOUTERS, né en Allemagne, vers 1450, est cité dans un acte passé en 1497, devant les échevins d'Anvers, comme père de :

II. Hubert WOUTERS, né en Allemagne, vers 1477 et mort avant 1534. Il avait épousé (avant le 11 Juillet 1502) Catherine WANDELAERS.

Ils eurent :

1. Dominique qui suit.

2. Hubert épousa à Sainte-Walburge d'Anvers, le 9 Juin 1534, Madeleine HOONS, demeurant dans cette paroisse.

3. Madeleine.

4. Macaire (nommé WOLTERS dans son acte de mariage) épousa à Sainte-Walburge d'Anvers, à la Fête des Innocents de l'année 1536, Anne CORDUWAEN de Malines.

5. Guillaume qui est l'auteur de la deuxième branche.

III. Dominique WOUTERS, marchand à Anvers [1],

---

[1] L'on sait que la plupart des familles nobles qui s'établirent à Anvers, aux quinzième et seizième siècles, y vinrent uniquement pour s'adonner au commerce et rétablir ainsi des fortunes que les guerres et les malheurs du temps leur avaient enlevées. On n'a qu'à ouvrir les collections des *Inscriptions Funéraires et Monumentales de la province d'Anvers,* pour rencontrer à chaque pas des pierres tumulaires ornées des blasons

né avant 1514 et décédé dans cette ville, le 11 Avril 1583,
épousa en premières noces (avant le 27 Janvier 1534)
Paschasie GAST, fille d'Adrien mort avant 1534 et
de Jeanne VAN UFFELE. Il épousa en secondes noces,
à Notre-Dame d'Anvers, le 22 Novembre 1564, Anne
SCHUIJLINCKX qui mourut avant lui.

Il eut du premier lit :

1. Élisabeth, béguine. Elle fit profession en 1570 et
mourut au Béguinage d'Anvers, le 17 Septembre 1592.

2. Barbe, également béguine. Elle fit profession en
1587 et mourut à l'infirmerie du Béguinage d'Anvers,
le 28 Mai 1592.

3. Marie épousa François VAN BOUCHOUT d'une
famille considérable d'Anvers [1].

Ils eurent neuf enfants baptisés à Notre-Dame de
cette ville :

A. Dominique VAN BOUCHOUT, le 28 Mai 1571

---

de personnages de nobles maisons, enterrés dans nos églises et
dont les noms sont suivis des qualificatifs de : marchand (*coopman*),
brasseur, marchand de vin (*wijntavernier*), joaillier, etc., etc.
En faisant le commerce, on se mettait, il est vrai, en contravention
avec les placcards régissant l'état noble, mais, après avoir refait
sa fortune, on demandait et obtenait sans peine du souverain un
acte de réhabilitation dans l'état de noblesse. C'est ce que fit un
grand nombre de familles anversoises des plus considérables et des
plus nobles. Nous nous contenterons de citer entre bien d'autres
qui firent le commerce, celles de : DE CORDES, DE RÉNIALME,
PRUYNEN, DE SPONTIN, DE BEAULIEU, DE COCQUIEL, DE NEUF,
TAETS, VAN BOMBERGHEN, VAN GEMERT, VAN DALE, DE ROBIANO,
DE LANNOY, etc. ; etc.

[1] Henri VAN BOUCHOUT était aumônier de la ville d'Anvers, en 1550.
L'échevin Nicolas VAN BOUCHOUT fut tué pendant la *furie espagnole*.

parrain : Herman *van Dortmond* — marraine : Élisabeth *van Rau*), mort jeune.

B. Marie VAN BOUCHOUT, le 6 Septembre 1572 (Mijn heere *van der Meeren*, bourgmestre d'Anvers — Marie *Peeters*).

C. François VAN BOUCHOUT, le 5 Avril 1574 (Pierre *Liekens* — Jeanne *Thiboult*, veuve de Jean *Wouters*, tante maternelle), mort jeune.

D. Pierre VAN BOUCHOUT, le 16 Avril 1575 (Pierre *Joosten* — Madeleine *Wouters*, grand'tante maternelle)

E. Paschasie VAN BOUCHOUT, le 15 Août 1576 (Vincent *de Smit*, trésorier-général d'Anvers — Barbe *Wouters*, tante maternelle), morte jeune.

F. Bernard VAN BOUCHOUT, le 30 Octobre 1577 (Bernard *Cordier* — N. N.).

G. Jean VAN BOUCHOUT, le 1 Décembre 1578 (Nicaise *le Way*, aumônier d'Anvers en 1585 — Émérence *Huijvers*), mort jeune.

H. Gaspard VAN BOUCHOUT, le 30 Mai 1581 (le Supérieur des Frères Cellites — Catherine *Verhaeght*), mort jeune.

I. Élisabeth VAN BOUCHOUT, le 29 Mai 1583 (Pierre *Beelaert* alias *Bellerus* — Jean *Dresseleer* — Élisabeth *Wouters*, tante maternelle).

4. Anne, décédée sans alliance.

5. Jean, décédé avant 1572, épousa à Saint-Jacques d'Anvers, le 4 Mai 1565, Jeanne THIBOULT et en eut un fils :

Dominique, baptisé à Notre-Dame d'Anvers, le 16

Août 1567 (Thierry *Ingeenraem* — Jacques *Aelbrechts* — Maria *Peeters* alias *van Diest*). Les tuteurs de cet enfant furent : Jean STRUYS , Jean THIBOULT et Georges SANTERNEL. Il épousa à Notre-Dame , le 5 Juillet 1592 (témoins : Jean *Molenpas* — Jean *van Keerberne*) , Jeanne SNELLINCK.

6. Edmond épousa à Notre-Dame d'Anvers , le 3 Février 1566 , Madeleine STELSIUS qui épousa en secondes noces , le 24 Juillet 1575 , à la même église , Bernard CORDIER , décédé le 14 Décembre 1604 , père de Marguerite CORDIER , abbesse au monastère de Swyvick , de l'Ordre de Citeaux , baptisée à Notre-Dame d'Anvers , le 30 Octobre 1580. Marguerite CORDIER éleva à son père , dans l'église Notre-Dame d'Anvers , un monument funéraire orné d'une inscription et du blason de leur famille.

Edmond WOUTERS procréa quatre enfants baptisés à Notre-Dame :

A. Jeanne , le 4 Décembre 1566 et morte jeune.

B. Dominique , le 20 Novembre 1567 (Henri *Wouters*, oncle — Corneille *Stelsius*). Ses tuteurs furent Arnold 's CONINCX et Gaspard STELSIUS.

c. François , le 20 Novembre 1569 (François *van Bouchout*, oncle paternel — Marie *Stelsius*), mort jeune.

D. Anne , le 4 Janvier 1572 (François *Stelsius* — Anne *Stelsius*) , morte jeune.

E. Marie , le 5 Juin 1573 (Arnold *'s Conincx* — Marguerite *van der Linden*) , morte jeune.

7. Henri qui suit.

Dominique WOUTERS eut de sa deuxième femme ,

Anne SCHUIJLINCKX, six enfants dont les tuteurs furent François SCHUIJLINCKX et Laurent VERPLANCKEN :

8. Dominique qui est l'auteur de la troisième branche.

9. Jeanne, baptisée à Notre-Dame d'Anvers, le 28 Août 1567 (Jean *van Diest* — Guillaume *Liese* — Catherine *Raey*), morte jeune.

10. Gisbert, baptisé à Notre-Dame, le 5 Septembre 1568 (Jean *Daet* — Marguerite *Hesen*), mort jeune.

11. Hubert qui fut nommé le 19 Février 1618, maître-particulier de la monnaie de Leurs Altesses Sérénissimes les Archiducs Albert et Isabelle, après son frère Dominique. Il ne desservit cette place que pendant quelques mois.

En 1622, Hubert WOUTERS demeurait depuis huit ou neuf ans sous la seigneurie de Merxem et Dambrugge dont il était un des habitants notables.

12. Jean qui est l'auteur de la quatrième branche.

13. Thomas, baptisé à Notre-Dame d'Anvers, le 30 Décembre 1575.

IV. Henri WOUTERS, décédé avant 1583, épousa Martine VAN DER MALE et en eut :

1. Anne, baptisé à Notre-Dame d'Anvers, le 11 Mai 1574 (André *Beerincx* — Anne *Wouters*, tante), épousa dans la même église, le 30 Janvier 1600 (Dominique *Wouters*, oncle — Jean *Couvreur*, cousin), Henri RADEMAKER, baptisé à Sainte-Walburge d'Anvers, le 13 Août 1572 et décédé le 30 Août 1614, fils de Henri et de Madeleine DONCKER qui était sœur de Jean DONCKER, chef-fauconier et maître de chasse de l'Em-

pereur Charles-Quint et aumônier de la ville d'Anvers ,
en 1566 , époux de Madeleine HOCKAERT et regardé
comme l'auteur de la grande famille DONCKER d'Anvers.

Ils eurent six enfants baptisés à Sainte-Walburge
d'Anvers , dont les tuteurs furent André WOUTERS ,
oncle maternel et Jean COUVREUR , cousin paternel :

A. Henri RADEMAKER , le 30 Novembre 1600 (André
Wouters , oncle maternel — Madeleine *Doncker* ,
grand'mère paternelle).

B. François RADEMAKER , le 10 Juin 1602 (François
Behoort — Marie *Doncker*).

C. Anne RADEMAKER , le 22 Octobre 1603 (Balthasar
Salibos — Demoiselle Élisabeth *Doncker*).

D. Marie RADEMAKER , le 12 Août 1607 (Melchior
Doncker — Gertrude *Mertens*).

E. Jean RADEMAKER , le 1 Novembre 1609 (Jean
Vecquemans , époux de Cornélie *Doncker* qui était
fille de Jean et de Madeleine *Hockaert*, cousin — Claire
Pelgrom) , mort jeune.

F. Jacques RADEMAKER , le 26 Mai 1614 (Jean
Doncker — Madeleine *Doncker*).

2. André qui suit.

3. Paschasie, née en 1580 et élevée par ses tantes
Élisabeth et Barbe WOUTERS , au Béguinage d'Anvers.
Ses tuteurs furent François VAN BOUCHOUT , oncle paternel , Philippe HOCKAERT , aumônier de la ville d'Anvers
en 1575 , cousin et François BEHOORT.

4. Jean qui est l'auteur de la cinquième branche.

V. André WOUTERS, né vers 1577, épousa à Notre-

Dame d'Anvers, le 30 Janvier 1600, donc le même jour que sa sœur Anne (Henri *Rademaker*, beau-frère — Conrard *de Witte*), Judith DE WITTE, baptisée à Notre-Dame, le 26 Décembre 1568, décédée à Anvers, le 1 Juin 1628 et enterrée dans l'église des Dominicains, fille de Conrard et d'Anne DE MOERMEESTER, et sœur de Conrard DE WITTE, maître de la Grue de la ville d'Anvers, qui épousa Constance DE LESPINE. Ils habitèrent dans la rue du Cimetière, la maison nommée : « *den blauwen IJshond* [1]. »

Judith DE WITTE gît dans le même caveau que sa sœur Esther DE WITTE, fille dévote ; la pierre tumulaire porte l'inscription suivante :

HIER LEET BEGRAVE DE
EERBARE DOCHTER SUSTER
HESTER DE WITTE STERF
DEN. 4. JANUARY. A°. 1632
ENDE JUDITH DE WITTE
HAER SUSTER STERF DEN
1 JUNY A°. 1628
BIDT VOOR DE SIELEN [2].

---

[1] André WOUTERS habitait cette maison en 1602. Le 26 Janvier 1615, son frère, Jean WOUTERS, l'acheta. Elle fut revendue, le 28 Février 1636, au prix de deux mille florins, par Jeanne LE FEBURE, veuve de ce dernier. Dans l'acte de vente figurent, après celle-ci, Vincent LE PIN et Jean DE SCHOT, comme tuteurs de ses trois enfants : Martine, Constance et Antoine WOUTERS ; ensuite Jean LUCAS et Jacques LE CAEN, comme tuteurs de Jean et de Henri WOUTERS, fils du même Jean WOUTERS et de sa première femme, Susanne LUCAS.

[2] *Inscriptions Funéraires et Monumentales de la province d'Anvers.* T. V. p. 160.

Ils eurent deux fils baptisés à Anvers :

1. André qui suit.

2. Jean, né dans la rue du Cimetière et baptisé à Notre-Dame, le 26 Décembre 1602 (Jean *de Blois-de Treslong*, aumônier d'Anvers en 1585, époux de Madeleine *Doncker*, fille de Jean et de Madeleine *Hockaert*, cousin — Antoine *Wijnaers* — Madeleine *Hockaert*, cousine).

VI. André WOUTERS, baptisé à Saint-Jacques, le 6 Juillet 1601 (Jean *Molenpas* — Marguerite *le Way* [1]), épousa en premières noces, à Sainte-Walburge d'Anvers, le 15 Octobre 1628 (Dominus Leonardus *Belhomme* — Jean *van Zele*), Laurence VAN DEN BROECK, fille de Pierre, habitant dans la même paroisse ; en secondes noces, à Saint-Georges d'Anvers, le 8 Septembre 1633 (Jean *Hermans* — Gilles *van Bolder*), Anne LUIJCKX.

Il eut du premier lit deux enfants baptisés à Sainte-Walburge :

1. Jean, le 30 Janvier 1630 (Jean *Maes* — Jeanne *Beijerlinck*).

2. Susanne, le 20 Janvier 1632 (Conrard *de Witte* le jeune, oncle paternel — Susanne *Beerinckx*).

Il eut du deuxième lit cinq fils baptisés à la même église :

---

[1] François DE SCHOT, fils de François DE SCHOT, seigneur de Bautersem, Contich et Waerloos, aumônier d'Anvers, et d'Anne BOSSCHAERT, épousa Susanne LE WAY, fille de Nicaise LE WAY, aumônier d'Anvers, et de Marie HAECX.

3. André, le 31 Mai 1634 (Jean *van Zele* pour Nicolas *Baumans* — Marguerite *tot Westen*).

4. Vincent, le 3 Novembre 1635 (Vincent *Roose* — Agnès *van Trille*).

5. Balthasar, le 5 Juin 1637 (Jean *van den Kerckhoven* — Gertrude *Couwers*).

6. Gilles, le 16 Mars 1639 (Gilles *de Prins* — Barbe *de Crayer*).

7. Gaspard, le même jour (Gaspard *Scholten* — Anne *Sterck*).

—

Deuxième Branche.

IIIbis. Guillaume WOUTERS, fabricant de cuirasses, qualifié dans son acte de mariage d'*Alemacensis* (sic), sans doute à cause de la nationalité de son père, fils de Hubert et de Catherine WANDELAERS, épousa à Saint-Jacques d'Anvers, en 1543, Dimphne STERCK *alias* VAN DER STOCKT, fille de Wynand et de Dimphne VAN BELLE. Il épousa en secondes noces (avant 1547) Jeanne BROOMANS, veuve en premières noces de Philippe DE GROOTE.

Il eut du premier lit :

IV. Arnold WOUTERS, né avant 1547, épousa à Notre-Dame d'Anvers, le 11 Octobre 1588 (Silvestre *Verachter* — Gérard *Janssens*), Marie PELS.

Ils eurent cinq enfants baptisés à Notre-Dame :

1. Antoine, le 24 Juin 1589 (Silvestre *Verachter* — Marie *van Hal*)

Blasons des familles alliées aux WOUTERS dits DE WESTPHALIE.

2. Adrienne, le 3 Juillet 1590 (Guillaume *de Grere* — Gasparine *Coenraets*).

3. Josse qui suit.

4. Dimphne, le 24 Août 1593 (Henri *Corthagen* — Dimphne *Sterck*, cousine).

5. Pierre, le 15 Juin 1595 (Pierre *Willemsens* — Catherine *van Belle*).

V. Josse WOUTERS, baptisé à Notre-Dame d'Anvers, le 15 Octobre 1591 (Dominique *Wouters*, cousin — Catherine *Boonaerts*), épousa à Notre-Dame-Nord, le 30 Juin 1620 (Jean *Meijers* — Sébastien *Hermans*), Catherine HERMANS, baptisée à Notre-Dame, le 28 Juillet 1596, fille de Sébastien et de Heylken DE BERNUY *alias* BERNOULLIE, d'une ancienne et grande famille d'Anvers, fille elle-même de Pierre et d'Anne LOOPS.

Il procréa neuf enfants baptisés à Notre-Dame-Nord :

1. Pierre, le 20 Avril 1621 (Philippe *Lisaert* pour Pierre *Bernoullie*, grand' oncle — Élisabeth *Michielsens*), épousa à Notre-Dame-Sud, en premières noces, le 13 Mai 1657 (Josse *Wouters*, père — Gommaire *van Dapel*), Marie AUDENROGGE ; en secondes noces, le 10 Août 1672 (Jacques *Wouters*, frère — Sébastien *Wouters*, frère), Catherine MATTHYSSENS.

Il eut du premier lit :

A. Gaspard-Juste, baptisé à Notre-Dame-Sud, le 10 Mars 1658 (Josse *Wouters*, grand'père — Demoiselle Catherine *Goubau*).

Il eut du deuxième lit deux fils baptisés à la même église :

B. Pierre, le 27 Mai 1673 (Jacques *Wouters*, oncle — Élisabeth *van den Eijnde*, tante paternelle, pour Barbe *Adriaensens*).

C. Jean, le 9 Juin 1675 (Jean *Wouters*, oncle — Jeanne-Barbe *van Santvliet*).

2. Sébastien, le 2 Octobre 1622 (Sébastien *Hermans* — Susanne *Bernoullie*, grand' tante), mort jeune.

3. Cornélie, le 6 Décembre 1623 (Corneille *Danckaert* — Cornélie *Huijbrechts*).

4. Jacques, le 12 Mars 1626 (Jacques *Aertsens* — Anne *Hermans*), épousa à Notre-Dame-Sud, le 2 Janvier 1655 (Josse *Wouters*, père — Jean *Sebrechts*), Élisabeth VAN DEN EIJNDE.

Ils eurent sept enfants baptisés à Notre-Dame-Nord :

A. Marguerite-Catherine, le 3 Janvier 1656 (Josse *Wouters*, grand'père — Marguerite *van den Berghe*).

B. Élisabeth, le 15 Avril 1657 (Jean *Sebrechts* — Catherine *Cock*).

C. Jacques, le 25 Novembre 1658 (Jacques *Basijn* — Anne *Hermans*).

D. Théodore, le 11 Janvier 1660 (Théodore *Bernoullie* — Cornélie *Wouters*, tante).

E. Pierre-Paul, le 27 Janvier 1662 (Pierre *Braumans* — Claire *Sebrechts*).

F. Pierre, le 27 Août 1663 (Pierre *Wouters*, oncle — Claire *van Houthert*). Il entra dans l'Ordre des Grands-Carmes, fit profession à Anvers, le 7 Novembre 1683 et reçut le nom de : *Frater Benignus a Matre Amabile*.

G. Marie-Thérèse, le 24 Janvier 1666 (Sébastien *Wouters*, oncle — Marie *Wouters*).

5. Sébastien , le 21 Janvier 1628 (Jean *Saes* — Marie *Schoremans*), épousa à Notre-Dame-Sud, le 26 Février 1661 (Josse *Wouters* , père — Gaspard *Goossens*), Marie GOOSSENS , fille de Gaspard et de Gertrude VAN MOL , et sœur de Gaspard GOOSSENS , capitaine de la Garde Bourgeoise de la ville d'Anvers. La famille GOOSSENS avait un caveau à l'église Saint-Paul du couvent des Dominicains à Anvers.

6. Catherine , le 17 Février 1629 (Abraham *van den Bosch* — Anne *Verhaecht*), épousa à Saint-André d'Anvers , le 26 Mai 1665 (Jean *Sebrechts* — Jacques *de la Torre*), Melchior SEBRECHTS , d'une famille considérable de cette ville.

7. Susanne, le 17 Mai 1630 (Jean *Stevens* — Susanne *Lisaert*).

8. Jean , le 12 Janvier 1633 (Jean *Cocx* — Jacqueline *Hermans*), épousa à Saint-Jacques d'Anvers , le 18 Septembre 1661 (Josse *Wouters*, père — Pierre *Wouters*, frère) , Claire ULLENS , baptisée à Notre-Dame-Nord , le 27 Août 1628, fille de Georges et de Lucie HUIJGHENS ; petite-fille de Georges et de Cornélie GEERTS.

9. Paul, le 20 Septembre 1634 (Paul *van den Berghe* — Catherine *Stevens*), épousa à Saint-Georges d'Anvers , le 14 Janvier 1657 (Pierre *Wouters* — Corneille *Poelmans*), Lucie POELMANS.

Ils eurent trois enfants baptisés à Saint-Georges :

A. Pierre , le 31 Mars 1657 (Pierre *Verveken* — Lucie *de Bruijn*).

B. Catherine , le même jour (André *Hermans* — Catherine *van Put*).

c. Cornélie, le 9 Novembre 1658 (Corneille *Poelmans* — Antoinette *Gauwi*).

—

Troisième Branche.

IVbis. Dominique WOUTERS, écuyer, maître-particulier de la Monnaie de leurs Altesses Sérénissimes les Archiducs Albert et Isabelle, à Anvers, de 1606 jusqu'à sa mort, né vers 1565, décédé le 8 Février 1618, à l'âge de cinquante-trois ans et enterré dans l'église de l'abbaye de Saint-Michel, de l'Ordre de Prémontré, à Anvers, sous une pierre tumulaire portant ses armoiries et celles de son épouse, ainsi que celles de son beau-père et de sa belle-mère, était fils de Dominique et d'Anne SCHUIJLINCKX, sa seconde femme.

Dominique WOUTERS fut nommé à la Monnaie le 16 Janvier 1606, par lettres datées de Bruxelles et signées : Albert-Charles-Philippe DE CROY, N. DE MONT-MORENCY, J. DE DRENCKWAIRT et P. STERCKE. Il prêta le serment le 13 Février suivant, et entra en fonctions, en remplacement de Mre Corneille DE LETTER, le 1 Avril de la même année [1]. Le 1 Avril 1612, son terme étant expiré, Dominique WOUTERS fut renommé

---

[1] *Registre des Commissions des Offices ressortissans sous la Chambre des Comptes en Brabant depuis 1600 à 1624*, déposé aux Archives Générales du Royaume et portant le N° 366 de l'Inventaire des Archives des Chambres des Comptes. Fo¹ 51.

pour trois ans. Ces lettres de renouvellement datées de Bruxelles, étaient signées : N. DE MONTMORENCY, B. DE ROBIANO, P. STERCKE, P. D'AYALA et J. DENNETIÈRES [1]. Il fut renommé une seconde fois, par lettres du 30 Mai 1614, datées également de Bruxelles et signées : A. DE NOYELLE, MARLES, B. DE ROBIANO et P. STERCKE, pour trois ans à commencer du 1 Avril 1615 [2].

Dominique WOUTERS avait épousé (les bans ayant été proclamés à l'église Saint-André d'Anvers, en Mars 1594) Jeanne VAN LIEBEECKE, née à Bruges, le 9 Avril 1575, décédée à Anvers, le 6 Juillet 1636 et enterrée près de son époux et de ses parents, fille de Laurent VAN LIEBEECKE, essayeur de la Monnaie de Sa Majesté Royale d'abord et ensuite de Leurs Altesses Sérénissimes les Archiducs, à Anvers, et de Dame Catherine DE BACKERE, fille de Gérard ; petite-fille de Nicolas VAN LIEBEECKE et de Marie VAN MONCKHOVEN. Elle était sœur de Jean VAN LIEBEECKE, écuyer, conseiller-ordinaire de Sa Majesté Catholique, maître-particulier de la Monnaie à Bruges et directeur des Monnaies dans les Pays-Bas, qui épousa Jeanne VAN DER BEKEN, et de Jacques VAN LIEBEECKE, époux de Marie CLAESMAN, fille de Valentin CLAESMAN, ascendant des Barons DE MALE, et de Marie DE BUSSCHERE [3].

---

[1] *Même registre.* Fol. 86 vᵒ.

[2] *Même registre.* Fol. 150.

[3] La famille VAN LIEBEECKE fut alliée aux familles : VAN MONCKHOVEN, SULZ. VAN DER LINDT, DE BACKERE, VAN DER BEKEN,

Leur épitaphe, à l'abbaye de Saint-Michel, surmontée des quatre blasons : VAN LIEBEECKE-DE BACKERE — WOUTERS-VAN LIEBEECKE, était ainsi conçue :

D. O. M.

SEPULTURE VAN LAURENS VAN LIBEECK IN ZYN
LEVEN ASSAYEUR VAN DE MUNTE VĀ ZYN CON : MAᵗ.
EN DAER NAER VĀ HAERE DOORLUCHTIGE HOOCHEDĒ
ALHIER BINNEN ANTWERPEN STERF DEN. 9.
IUNY Aᵒ. 1602. AUDT ZYNDE 64 IAR̄
ENDE IOUFFR CATHARINA DE BACKERE SȲ
HUYSVROU STERF DEN 23 DECEMB : 1633.
OUDT 85 IAER
ENDE
DEN EERSAMEN DOMINICUS WOUTERS IN SYN
LEVEN MUNT Mʳ PARTICULIER VAN HEUNNEN
DOORLUCHTIGE HOOCHEDĒ ALHIER BINNEN
ANTWERPEN STERF DEN 8 FEBRUARY 1618.
OUDT 53 IAER EN IOUFFR IOHANNA VAN
LIBEECK SYN HUYSVROU STERF DĒ 6 JULY 1636.
BIDT VOOR DE SIELEN [1].

Après la mort de Dominique WOUTERS, Jeanne VAN LIEBEECKE envoya la requête suivante :

A Messeigneurs, Messeigneurs des finances des Sérénissimes Archiducqz. — Remonstre en toute humilité la derelicte vesve

---

VAN STEYNEMEULEN , WOUTERS , BREYDEL , DU MONT *alias* DE BRIALMONT, SPRONCHOLF , VAN THUYNEN , HELIAS-D'HUDDEGHEM , DE CONINCK (de Bruges), VAN DEN DENDERE, CLAESMAN, ROELS , VAN MALE , VAN HULLE , HOYS , PLASSCHAERT , BAUWENS, VAN DER MEULEN , FIERENS et PAUWELS.

[1] *Inscriptions Funéraires et Monumentales de la province d'Anvers. Arrondissement d'Anvers. T. IV. p.* 89.

de feu Dominicus WOUTERS, vivant M^re particulier de la monnoye
de leurs Altezes Sérénissimes en Anvers qu'ayant ledit feu son
mary obtenu continuation de sa ferme courante que viendra à
expirer le dernier d'Apvril prochainement venant, et ce pour
trois ans continuels et ensuivantes à charge toutes fois de debvoir
payer la somme de mille florins unesfois; et par aultre ordon-
nance y ensuyvie de Vos Seigneuries qu'il passeroit en payant
lesdits 1000 florins à l'entrée de sa dite nouvelle ferme, à
condition bien expresse que venant le dit son mary à mourir,
que la suppliante sa vesve, et héritiers auroient l'option de
continuer ladite ferme jusques à l'expiration d'icelle le tout
notoir à Voz Seigneuries, or comme ledit son mary est venu
à décéder pour n'avoir bonnement sceu souffrir laggrave à luy
faicte en ses bon nom, fame, et renommée et que la suppliante
se confie fermement que Vos Seigneuries ne la vouldront laisser
faire aulcun tort au parfaict de la dite continuation de ferme,
ains au contraire la assister en et par tout, à ceste cause elle
se retire vers Voz Seigneuries accompaignée de ses enfans en
nombre de huict,

Suppliant en toute humilité icelles estre servies de déclairer
par appointement au marge de cestes, ou bien aultrement,
quelle pourra faire déservir par son frère Jehan VAN LIEBEKE,
M^re particulier de la monnoye à Bruges homme irréprochable
à la dite déserviture de la dite place de M^re particulier audit
Anvers pour avoir jà plusieurs années déservij celle dudit Bruges
en tout honneur, bien et bon payement faict des droits sei-
gneuriaux du prince notoir au Conseillier et recepveur général
VAN ONCLE, et ce pour le temps et terme que durera ladite
nouvelle ferme, si tant est que la suppliante mesme ne scauroit
déservir ladicte ferme.

Ou bien en toutevent là où Voz Seigneuries trouveroient en
ce que dessus quelques difficultés quelle espère que non, que
audit Jehan VAN LIEBEKE son frère et M^re particulier à Bruges
puisse estre accordée la nouvelle ferme de ladite monnoye et
ce jour un temps et terme de six ans, et ce au mesme rendaige

quat eu ledit feu son mary, pourquoy elle et ledit LIEBEKE supplient bien humblement quoy faisant etc.

Cette requête fut appostillée dans les termes suivants :

Ceux des finances, ayant veu et visité ceste requeste ensemble l'advis sur icelle donné tant par les Conseillers fiscaulx du Conseil ordonné en Brabant que des Conseillers et M^{res} généraulx des Monnoyes, et le tout considéré ont pour et au nom de leurs Altezes, consenti et accordé, consentent et accordent de grace especialle par cestes, que la suppliante puisse et pourra continuer par provision et pour le temps et terme de six mois prochainement venans, en la ferme de laMonnoye d'Anvers, à charge et condition quelle sera tenu la faire déservir par Hubert WOUTERS son beau frère à ce jugé capable par lesdits Généraulx lequel sera tenu de prester le serment deu et accoustumé, ensemble de prester caution suffisante ou faire renouveller celle du défunt Dominicus WOUTERS et ce ès mains et au contentement de ceulx de la Chambre des Comptes en Brabant, le tout sans préjudice du droit de leurs Altezes et de ladite suppliante au regard du procès intenté par l'office fiscal contre sondit feu mary, faict à Bruxelles au bureau desdits finances le 19e jour de février seize cens dix huict, soubsignez A. DE NOYELLE, MARLES, E. DONGNYES, B. DE ROBIANO, S. DE AYALA, et J. DENNETIERES [1].

Nous avons vu que, dans la requête que la veuve de Dominique WOUTERS présenta quelques jours après la mort de son mari, il est dit : *or comme ledit feu son mary est venu à décéder pour n'avoir bon-*

---

[1] *Registre des Commissions des Offices ressortissans sous la Chambre des Comptes en Brabant depuis 1600 à 1624. Fol. 216.*

nement sceu souffrir laggrave à luy faicte en ses
bon nom, fame, et renommée. L'acte suivant démon-
trera de quelle nature était la faute bien légère commise
par Dominique WOUTERS dans l'exercice de ses
fonctions de maître-particulier de la Monnaie :

Aujourd'huy vingt sixième de Novembre seize cens treize,
Les chiefz Tresorier Général et Commis des Finances, sont
pour et au nom de leurs Altezes par advis tant des généraulx
des monnoyes es pays pardeça, que de ceulx de la chambre
des comptes en Brabant, convenuz et appoinctez avecq Dominicus
WOUTERS meistre particulier de la monnoye en Anvers, qu'il
sera continué et tiendra de nouveau en ferme la dicte monnaye,
ung aultre temps et terme de trois ans continuelz et ensuyvans
l'ung l'autre, commenchans à l'expiration de sa ferme courante,
et ce aux mesmes conditions, charges, et rendaige d'jcelle,
excepté tant seulement qu'il ne pourra plus forger aulcune
monnoye de cuyvre, à charge qu'il sera tenu de payer es mayns
du Receveur Général desdites finances Ambroise VAN ONCLE *pour*
l'excès par luy commis en monnoyant si grand nombre de
cuyvre durant ses fermes précédentes, la somme de mille livres
du prix de quarante gros monnoye de Flandres, la livre une
foiz et au surplus aux honneur, droitz, libertez, franchises,
et exemptions y appartenans, sur quoy et de soy, bien et
deuement acquiter ledict Dominicus WOUTERS sera tenu renouveller les serment et caution y appartenans, es mains desdits
des Comptes en Brabant, que lesdits des Finances commectent
à ce par cestes, faict à Bruxelles au Bureau desticts Finances,
les jour, mois et an que dessus, soubsigné N. DE MONTMORENCY,
A. DE NOYELLE, B. DE ROBIANO, et P. DE AYALA [1].

---

[1] Même registre. Fol. 186.

L'acte notariel suivant, dressé le 19 Novembre 1636, donc quatre mois après le décès de Jeanne VAN LIEBEECKE, la veuve de Dominique WOUTERS, prouve que leur pierre tumulaire à l'abbaye de Saint-Michel était ornée des quatre blasons : VAN LIEBEECKE — DE BACKERE — WOUTERS — VAN LIEBEECKE :

Certificere ick Guilliam LE ROUSSEAU openbaer notaris, etc., dat ick op heden date deser my gevonden hebbe inde kercke vanden cloostere ende abdye van Sinte Michiels binnen deser stadt ende aldaer gesien ende gevisiteert hebbe sekeren grooten serck op het bovenste deel vanden welcken staet gesneden dat aldaer begraven leyt Laurens VAN LIEBEECK, essayeur vande Munte binnen deser stadt ende daernaer van Hare Doorluchtichste Hoocheden, ende Jouffrouwe Catharina DE BACKERE, syne huysvrouwe, ende dat daerboven in een ovael neffens malcanderen staen gesneden twee wapenen d'eene vanden man met synen timber ende feullage ende dander vande vrouwe in forme van een ruyte, Ende int onderste deel vanden selven sarck staet gesneden dat aldaer begraven leet Dominicus WOUTERS, muntmeestere particulier van Hare Hoocheden Munte binnen deser stadt, ende Jouffrouwe Johanna VAN LIEBEECK, zyne huysvrouwe, waerboven in twee rondeelen staen gesneden de wapenen vande selve overledene te weten de manswapene met haer verciersel van feuillage ende boven den schilt in plaetse vanden timber staet een figuerken van een anticx corselet daervuyt springht eenen hondt spelende op een trompe, ende de vrouwewapene in forme van een ruyte, Verclarende voorts dat de voorscreve wapenen syn geheel ongebroken ende ongeschendt, Toirconden dese onderteeckent in Antwerpen den negenthienden Novembris anno XVIᶜ sessendertich.

(signé) G. LE ROUSSEAU notˢ [1].

---

[1] Archives de la ville d'Anvers. Actes notariels de l'année 1636, sous le notaire Guillaume LE ROUSSEAU. Fol. 275 v/º.

Dominique WOUTERS eut de Jeanne VAN LIEBEECKE dix enfants baptisés à Anvers :

1. Anne, à Notre-Dame, le 17 Janvier 1595 (Laurent *van Liebeecke*, grand'père maternel — Anne *Schuijlinckx*, grand'mère paternelle), épousa à Anvers, en premières noces, à Saint-André, le 21 Octobre 1617 (Nicolas *van Ginderdeuren*, aumônier, beau-frère de l'époux — Jean *Wouters*, oncle), Jean DE BACKER, baptisé à Sainte-Walburge d'Anvers, le 1 Juin 1586, y décédé le 15 Août 1626 et enterré dans l'église Sainte-Walburge, fils de Gilles et d'Anne VERMEULEN, et frère de Marie DE BACKER qui épousa Nicolas VAN GINDERDEUREN, aumônier de la ville d'Anvers en 1622 :

D.   O.   M.

GILLIS DE BACKER
STERF DEN X AUGUSTI
ANNO M. DC. XVI.
ANNA VERMEULEN SYN
HUYSVROUWE STERF DEN
XIIII. JULII A°. M. DC. XVII.
JOAN DE BACKER HAERLIEDE
SOENE STERF DEN XV. AUGUS.
A°. M. DC. XXVI.
NICOLAES VAN GINDERDEURE
OUDT ALEMOESENIER DESER
STADT STERF DEN XI.
OCTOBER ANNO M. DC. XXXVIII.
MARIA DE BACKER SYN
HUYSVROUWE STERF DEN

· · · · · · · · ·

VERNIEUWT 20 X^{ber} 1704
BIDT VOOR DE SIELEN.

Anne WOUTERS épousa en secondes noces à Sainte-Walburge, le 22 Janvier 1628 (Henri *Stockmans*, père — Jean *Knijff*, oncle), Henri STOCKMANS, baptisé à Saint-Georges d'Anvers, le 9 Novembre 1606, fils de Henri STOCKMANS, surintendant des Fortifications de la ville d'Anvers, et de Cornélie KNIJFF qui était fille de Jean et de Hélène LAMBRECHTS ; frère de Pierre STOCKMANS, licencié ès lois, professeur de droit et recteur-magnifique à l'Université de Louvain, conseiller au Conseil de Brabant,. conseiller au Conseil-Privé, membre de la Chambre mi-partie instituée en vertu de l'article 21 du traité de Munster, qui épousa Anne-Marie SCHOORENBROOT, fille de Jean SCHOORENBROOT, conseiller-pensionnaire de la ville de Louvain, et de Marie SCHELLEKENS [1].

Anne WOUTERS eut de son premier mariage six enfants baptisés à Sainte-Walburge d'Anvers :

A. Anne DE BACKER, le 15 Octobre 1619 (Roland *van Cleve* — Madeleine *del Gardyn*).

B. Dominique DE BACKER, le 23 Décembre 1620 (Paul *de Backer* — Catherine *de Backer*).

C. Jeanne DE BACKER, le 29 Mars 1622 (Gilles

---

1 La généalogie de la famille STOCKMANS se trouve en partie dans l'*Annuaire de la Noblesse de Belgique*, pour 1870. Les STOCKMANS s'allièrent aux VAN GOIRLE, KNIJFF, WOUTERS, SCHOORENBROOT, VAN DE VEN, HEYMANS, PAUWELS, DE BARACENA, DE NICOLAERTS, DE HESSE-DARMSTADT, BROOGO-VARA DU SOSAY, DE LIMNANDER, VAN MELDERT, VORSTENBOSCH, DE HANNOSSET, etc., etc.

de Backer — Jeanne *van der Beken* épouse de Jean *van Liebeecke*, grand'tante).

D. Catherine DE BACKER, le 8 Avril 1623 (Nicolas *de Backer* — Catherine *Wouters*, tante).

E. Jean DE BACKER, le 15 Juillet 1624 (Marc *de Backer* — Susanne *de Neuf*, épouse de Jean *Wouters*, grand'tante).

F. Gilles DE BACKER, le 24 Août 1626 (Corneille *de Backer* — Antoinette *van Caverson*, épouse de Dominique *Wouters*, tante).

Anne WOUTERS eut de son second mariage trois enfants baptisés à Anvers :

G. Henri STOCKMANS, à Sainte-Walburge, le 22 Février 1629 (Gérard *Zegers*, époux de Catherine *Wouters*, oncle — Cornélie *Knijff*, grand'mère paternelle).

H. Susanne-Thérèse STOCKMANS, à Saint-Georges, le 27 Juillet 1631 (Jean *Knijff*, oncle paternel — Susanne *Wouters*, tante).

I. Guillaume STOCKMANS, à Saint-Georges, le 17 Avril 1633 (Guillaume *van Eertvelt* remplacé par Gérard *Zegers*, oncle maternel — Hélène *Lambrechts*, arrière-grand'mère paternelle).

2. Catherine, à Notre-Dame, le 17 Décembre 1595 (Jean *Wouters*, oncle — Catherine *van Liebeecke*), décédée en 1656-1657, épousa vers 1621, Gérard ZEGERS, artiste-peintre de grande réputation, attaché au cardinal-infant Ferdinand. Né à Anvers et baptisé à Notre-Dame, le 17 Mars 1591, y décédé le 18 Mars 1651 et enterré le 21 dans l'église de l'abbaye de Saint-Michel, fils de Jean et d'Ide DE NEVE, Gérard ZEGERS fut inscrit

comme élève dans la Gilde de Saint-Luc à Anvers, en 1603; il reçut des leçons de Henri VAN BALEN le vieux et d'Abraham JANSSENS le vieux, et fut admis en 1608 comme franc-maître. Il visita l'Italie et l'Espagne et peignit à Madrid plusieurs tableaux pour le roi Philippe III qui l'attacha à sa cour. Il revint dans sa ville natale et fut reçu en 1620, comme amateur dans la Chambre de Rhétorique « *de Violiere* ». En 1637, la Gilde de Saint-Luc le nomma doyen.

Le 6 Mars 1631, Gérard ZEGERS acquit du chevalier Jean DE ROMRÉ [1], deux maisons situées à la Place de Meir, qu'il abattit pour y faire construire la grande et superbe habitation que l'on voit encore aujourd'hui à côté du Palais Royal [2]. On trouve une description de cette maison, construite d'après les plans de Gérard ZEGERS, dans l'*Histoire de l'Architecture en Belgique*, par M. SCHAYES. Après la mort de l'artiste, sa veuve et ses enfants vendirent ce véritable palais, le 23 Décembre 1653, à Georges BOSSCHAERT [3]. C'est de cette même maison que BONAPARTE et sa suite admirèrent le feu d'artifice tiré à la Place de Meir, le 19 Juillet 1803,

---

[1] Messire Jean DE ROMRÉ, chevalier, seigneur de Fraypont, de Mazée, de Paddenbourg et du tiers de la Chapelle, gentilhomme de la Chambre de l'archiduc Albert en 1618, épousa en premières noces Jeanne VAN BERCHEM, et en secondes noces Catherine SCHOLIER qui était veuve en premières noces de Messire Jean ROCKOX, bourgmestre d'Anvers.

[2] Archives d'Anvers. Protocoles scabinaux sous le notaire D. FABRI. 1631.

[3] Archives d'Anvers. Protocoles scabinaux sous le notaire LE ROUSSEAU. 1653.

Sa grande fortune avait permis à Gérard ZEGERS d'acquérir au prix de 60,000 florins (somme énorme pour cette époque), une collection très-considérable de tableaux des grands maîtres de son temps.

Les époux ZEGERS-WOUTERS eurent onze enfants baptisés à Saint-Jacques d'Anvers et placées sous la tutelle de leur oncle Laurent WOUTERS, et de Henri RYSSELS :

A. Catherine ZEGERS, le 3 Septembre 1622 (Signor Jean *de Backer*, oncle maternel — Demoiselle Ide *de Neve*, grand'mère paternelle).

B. Anne-Marie ZEGERS, le 23 Novembre 1623 (Willebrord *Walschaert* — Catherine *van Liebeecke*, cousine), morte jeune.

C. Jean-Baptiste ZEGERS, le 31 Décembre 1624 (Signor François *Ryssels* — Demoiselle Jeanne *van Liebeecke*, grand'mère maternelle). Il fut reçu comme peintre dans la Gilde de Saint-Luc, en 1646-1647, sous le décanat de son père et devint aussi un artiste de renom. De 1649 à 1652, il exécuta des peintures à Vienne, dans le palais d'Octave PICCOLOMINI, duc d'Amalfi, qui l'estimait pour son talent et ses vertus. Quand Jean-Baptiste ZEGERS, après la mort de son père, désira retourner à Anvers, le duc le munit d'une belle lettre de recommandation, datée du 7 Février 1652 et adressée à l'archiduc Léopold-Guillaume, gouverneur-général des Pays-Bas. Notre artiste fut nommé en 1668 doyen de la Gilde de Saint-Luc dans sa ville natale.

D. Marie-Anne ZEGERS, le 12 Février 1627 (Signor Henri *Mols* — Demoiselle Anne *Wouters*, tante).

E. Élisabeth ZEGERS, le 27 Avril 1628 (Signor Dominique *Wouters*, oncle — Demoiselle Catherine *Jordaens*).

F. Jeanne-Claire ZEGERS, le 13 Août 1629 (Henri *Stockmans*, oncle maternel — Jeanne *du Reulx*).

G. Susanne ZEGERS, le 2 Janvier 1631 (Dominus ac Magister Joannes *de Jonghe*, advocatus in Curia et Supremo Concilio Mechliniense, oncle maternel — Demoiselle Susanne *Haecx*, cousine maternelle), morte jeune.

H. Constance ZEGERS, le 8 Juillet 1632 (Signor Jean *Wildens*, le célèbre paysagiste — Demoiselle Marie *Ryssels*).

I. Gérard ZEGERS, le 15 Octobre 1633 (Signor Balthasar *Courtois*, oncle maternel — Dame Marie *van Severdonck*), mort jeune.

J. Dominique ZEGERS, le même jour que le précédent (Gabriel *Francken*, artiste-peintre — Demoiselle Jeanne *van Liebeecke*, grand'mère maternelle), mort jeune.

K. Sara-Thérèse ZEGERS, le 24 Février 1636 (Signor Jean de Bartholomeo *van Ceulen* — Demoiselle Sara *Peeters*), épousa à Saint-Jacques d'Anvers, en premières noces, le 6 Octobre 1669 (Pierre *Beeckmans* — Jean-Baptiste *Zegers*, frère), Jacques BEECKMANS, et en secondes noces, le 25 Février 1675 (Gérard *du Gardin* — Nicolas *Bouwens*), Charles ROMBOUTS.

3. Marie, à Notre-Dame, le 23 Mars 1597 (Dominique *Wouters*, cousin — Marie *van Steynemeulen*, cousine maternelle).

4. Madeleine, à Notre-Dame, le 10 Mai 1598 (Signor Octavio *Spinola* — Madeleine *Pluym*).

5. Jeanne, à Notre-Dame, le 10 Octobre 1599 (Josse *van Steynemeulen*, cousin maternel — Susanne *Liesaers*). épousa à Saint-Jacques d'Anvers, le 16 Août 1628 (Dominique *Wouters*, frère — Henri *Stockmans*, beau-frère), Jean DE JONGHE, chevalier, avocat au Conseil de Flandre et au Grand Conseil de Malines, né à Anvers, fils de Jean et d'Anne BASSELIERS, et frère du chevalier Alexandre DE JONGHE.

Ils eurent huit enfants baptisés à Sainte-Catherine de Malines :

A. Dominique DE JONGHE, le 6 Juin 1626 (Dominus Martinus *Crompaerts* — Domicella Anna *Wouters*, nomine Domicellæ Catherinæ *de Backere* viduæ Laurentii *van Liebeecke*, arrière-grand'mère maternelle).

B. Jeanne-Marie DE JONGHE, le 24 Juillet 1630 (Dominus Dominicus *Wouters*, oncle maternel — Domina Joanna *van Liebeecke*, grand'mère maternelle), épousa à Malines, Jean VAN DER HOEVEN, échevin, trésorier et bourgmestre de cette ville, veuf en premières noces de Marie DE BERINGUER, et fils de Josse VAN DER HOEVEN, chevalier, échevin, trésorier et communemaître de Malines, et de Gislaine SCHOOFF; petit-fils du Ludolphe et de Jossine VAN DER BEKEN ; arrière-petit-fils de Jean et de Catherine DE VOS.

C. Isabelle-Claire DE JONGHE, le 11 Janvier 1632 (Dominus Gerardus *Zegers*, oncle maternel — Domicella Isabella *Steijnen*).

D. Anne-Thérèse DE JONGHE, le 18 Avril 1633 (Dominus Simon *Jordaens*, nomine Domini Henrici *Stockmans*, oncle maternel — Jeanne *de Gortere*).

E. Balthasar-Ignace DE JONGHE, le 18 Juin 1634 (Balthasar *Courtois*, oncle maternel — Jeanne *de Gortere*).

F. Anne-Hélène DE JONGHE, le 27 Avril 1636 (Dominus Hermanus *Verhaer* — Isabelle *Wouters*, tante maternelle), décédée sans alliance, à Malines, le 12 Février 1716 et inhumée à Saint-Rombaut.

G. Michel DE JONGHE, le 29 Septembre 1637 (Reverendus Dominus Joannes *le Roy*, canonicus et officialis — Domicella N. *Snavels* nomine Domicellæ Mariæ *Wouters*, tante maternelle).

H. Chrétien-Ignace DE JONGHE, le 20 Mai 1639 (Signor Antonius *Snijers* nomine Domini Christiani *Aelst*, oncle maternel — Domicella Isabella *Crabbe*).

6. Dominique qui suit.

7. Susanne, à Notre-Dame, le 8 Janvier 1606 (Jean *Wouters*, oncle — Susanne *Kaymocx*) et décédée avant 1647, épousa à Saint-Jacques d'Anvers, le 18 Janvier 1632 (Jean *Courtois*, père — Gérard *Zegers*, beau-frère), Balthasar COURTOIS, y baptisé à Notre-Dame, le 8 Janvier 1602 (Jean *van den Kerchhoven* — Marie *de Rénialme* épouse de Jacques *Taets* alias *Tasse*), fils de Jean COURTOIS, et de Demoiselle Marie TAETS *alias* TASSE, qui était fille de Balthasar et de Marie DE COCQUIEL.

Balthasar COURTOIS épousa en secondes noces, à Saint-Jacques, le 13 Novembre 1647 (Jean *Courtois,* père — Charles *de la Bistraete*), Demoiselle Marie DE LA BISTRAETE, baptisée à Anvers, le 25 Avril 1619, fille de Charles et de Françoise DE LE DISME, et sœur de Charles DE LA BISTRAETE, grand-aumônier

AUDENROGGE.
(p. 15.)

GOOSSENS.
(p. 17.)

SEBRECHTS.
(p. 17.)

ULLENS.
(p. 17.)

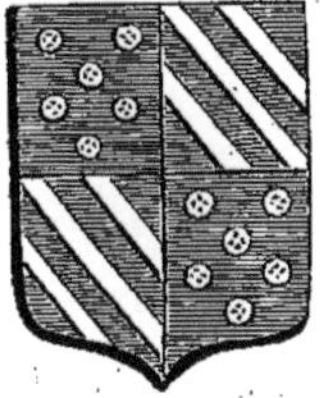

POELMANS.
(p. 17.)

VAN LIEBEECKE.
(p. 19.)

STOCKMANS.
(p. 26.)

DE JONGHE.
(p. 31.)

COURTOIS,
(p. 32.)

de la ville d'Anvers, qui obtint réhabilitation de noblesse et épousa Cornélie Doncker.

Les époux COURTOIS-WOUTERS habitèrent au marché au blé, la maison nommée : DEN HERT. Ils eurent quatre enfants baptisés à Notre-Dame-Sud d'Anvers :

A. Jean-Baptiste COURTOIS, seigneur de Gortes, etc., baptisé le 24 Décembre 1632 (Jean *Courtois*, grand'père — Jeanne *van Liebeecke*, grand'mère maternelle), épousa à Saint-Jacques d'Anvers, le 14 Novembre 1668 (Thomas *Courtois*, frère — Théodore *van Roosendael*, beau-frère), Demoiselle Jeanne-Marie DE BERLAYMONT, fille de Ferdinand et d'Isabelle FOURMENT qui était fille de Daniel *Fourment*, et de Claire BRANDT, sœur d'Isabelle BRANDT, première femme du fameux Pierre-Paul RUBENS, et fille de Jean BRANDT, secrétaire de la ville d'Anvers, et de Claire DE MOY ; petite-fille de Jean DE BERLAYMONT et d'Anne 'T KINT.

B. Balthasar COURTOIS, le 6 Mars 1634 (Corneille *van Diest*, doyen du metier des Foulons, époux de Lucrèce *Courtois*, oncle — Anne *Wouters*, tante maternelle).

C. Marie-Anne COURTOIS, le 16 Octobre 1635 (Signor Dominicus *Wouters*, oncle maternel — Demoiselle Marie *Courtois*, tante), épousa à Notre-Dame-Sud, le 15 Janvier 1658 (Balthasar *Courtois* — Benoit *Batkin* époux d'Agnès-Thérèse *van Roosendael*, beau-frère), Théodore VAN ROOSENDAEL, aumônier de la ville d'Anvers en 1668, baptisé à Notre-Dame-Sud, le 11 Mai 1634, frère d'Antoine VAN ROOSENDAEL, échevin, et fils de Chrétien VAN ROOSENDAEL, aumônier d'Anvers en 1647, et d'Anne VAN DEYNSE.

D. Thomas COURTOIS, le 27 Avril 1637 (Thomas *Courtois*, oncle — Catherine *Wouters*, tante maternelle [1].)

8. Élisabeth, à Saint-André, le 6 Janvier 1610 (Hubert *Wouters*, oncle — Susanne *Wouters*), épousa à Notre-Dame-Sud, le 14 Avril 1637 (Pierre *Aelst*, père — Balthasar *Courtois*, beau-frère), Chrétien AELST, conseiller et maître-général extraordinaire de la Monnaie d'Anvers, en 1654, baptisé à Notre-Dame d'Anvers, le 3 Août 1603, fils de Pierre et de Marie STAESSENS, et frère de Jean AELST, aumônier de la ville d'Anvers en 1653, qui épousa Catherine DE HAZE, et de Marie AELST qui épousa Emmanuel VERSPREET.

Il épousa en secondes noces, à Notre-Dame-Nord, le 26 Novembre 1651, Marie BATKIN, fille de Benoit et de Marie MUYTINCKX, sa seconde femme.

Les époux AELST-WOUTERS testèrent le 15 Janvier 1638, devant le notaire Pierre VAN BREUSEGHEM et eurent neuf enfants baptisés à Saint-Jacques d'Anvers :

A. Dominique-Pierre AELST, le 7 Avril 1638 (Signor Dominicus *Wouters*, oncle maternel — Demoiselle Susanne *Aelst*, tante).

B. Anne-Marie AELST, le 2 Juin 1639 (Signor Joannes

---

[1] Balthasar COURTOIS, veuf de Susanne WOUTERS, eut de sa seconde femme, Marie DE LA BISTRAETE : Charles-François COURTOIS, chevalier, licencié ès lois, seigneur de Bouchout, qui épousa Marie-Catherine BOSSCHAERT, fille de Wautier et de Marie DE GROOT, sa seconde femme. La fille unique de ces derniers, Marie-Catherine COURTOIS, dame de Bouchout, épousa Servais VAN COLEN, fils de Louis VAN COLEN, seigneur de Broechem, Oeleghem et de Burcht, et de Marguerite HELLINCKX de Liége.

Aelst, — Domina Anna *Wouters*, tante maternelle), épousa à Saint-Jacques, le 1 Mai 1661 (Signor Joannes *Aelst*, oncle — Signor Dominicus *Wouters*, oncle), Alexandre GUYOT, aumônier de la ville d'Anvers en 1670, baptisé à Saint-Jacques, le 9 Mars 1636 et décédé le 21 Février 1718, frére de Catherine GUYOT qui épousa Jean-Baptiste GREYNS, bourgmestre d'Anvers, et de Daniel GUYOT, conseiller du Mont-de-Piété d'Anvers, qui reçut confirmation de noblessé par lettres patentes du roi Charles II, en date du 30 Juin 1688; fils de Jacques GUYOT, négociant, aumônier d'Anvers en 1645, et de Marie VINCX qui était fille d'Alexandre et de Gertrude WIGGERS. Dont vingt-un enfants.

c. Élisabeth AELST, le 2 Août 1640 (Gérard *Zegers*, oncle maternel — Marie *Aelst*, tante).

D. Christine AELST, le 9 Janvier 1642 (Signor Balthasar *Courtois*, oncle maternel — Demoiselle Christine *Aelst*, tante), épousa à Saint-Jacques, le 17 Février 1664 (Dominus Jacobus *Gansacker*, frère — Dominus Joannes *Aelst*, oncle), Jean GANSACKER, seigneur de Schelle et d'Iteghem, décédé sans postérité, le 6 Février 1677, frère d'Abraham GANSACKER qui épousa Jeanne LUNDEN, et de Jacques GANSACKER, seigneur de Schelle, Iteghem et Therveken, surintendant et dyckgrave général de Brabant et de Flandre, anobli par Charles II, le 7 Février 1678; fils de Jean et de Sara VAN DE WALLE.

E. Pierre AELST, le 29 Janvier 1643 (Dominus Joannes *Aelst* nomine Domini Petri *Aelst* — Domicella Catharina *Wouters* nomine Domicellæ Joannæ *Wouters*).

F. Jeanne-Claire AELST, le 7 Novembre 1644 (Signor Joannes-Theodorus *Ballendonck* — Domicella Clara *Verspreet*, cousine).

G. Catherine-Jeanne AELST, le 24 Juin 1646 (Signor Joannes-Baptista *van Oudenhoven* — Domicella Catharina *Zegers* cousine), épousa à Saint-Jacques, le 18 Sep_tembre 1668 (Antoine *Peeters* — Pierre *Huberti*), Gilles-André LAMBLET, licencié ès droits et greffier des États de Namur.

H. Chrétien-Laurent AELST, le 30 Septembre 1648 (Signor Laurentius *Wouters*, oncle maternel — Domicella Maria *Verspreet*, cousine).

I. Laurent AELST, le 12 Mars 1650 (Signor Laurentius *Wouters*, oncle — Domicella Anna *Wouters*, tante ¹).

9. Roland, à Saint-André, le 7 Juillet 1611 (Roland *van Cleve* — Catharina ejus uxor).

10. Laurent, à Saint-André, le 16 Novembre 1614 (Ludovico *de Palma-Carillo* — Susanne *Haecx*). Ses tuteurs furent ses deux oncles, Gérard ZEGERS et Balthasar COURTOIS ².

---

¹ Chrétien AELST, veuf d'Élisabeth WOUTERS, eut de sa seconde femme, Marie BATKIN : Marie-Thérèse AELST qui épousa Jean-Baptiste SONNIUS, avocat à Anvers.

² Jeanne VAN LIEBEECKE, la veuve de Dominique WOUTERS, acheta le 7 Avril 1621, de Messire Jean DE ROMRÉ cité plus haut, la maison nommée « den cleynen Valck », au Kipdorp. Le 29 Novembre 1633, quatre mois après sa mort, Balthasar COURTOIS et Susanne WOUTERS, son épouse, achetèrent de leurs cohéritiers les parts respectives de ceux-ci dans la dite propriété

V. Dominique WOUTERS, écuyer, né à Anvers et y baptisé à Notre-Dame, le 18 Mars 1601 (Corneille *van Liebeecke*, oncle maternel — Anne *Schuijlincx*, grand'mère paternelle), épousa à Sainte-Gudule de Bruxelles, le 12 Juillet 1623 (Jérôme *van Caverson*, père — Antoinette *van den Bemden*), Antoinette VAN CAVERSON [1], baptisée à Sainte-Gudule, le 22 Août 1599, fille de Jérôme VAN CAVERSON, receveur de la ville de Bruxelles, anobli par lettres patentes de l'empereur Ferdinand III, du 27 Mars 1648, ascèndant des VAN CAVERSON seigneurs de Witterzee, Assonville, Wansoul, etc., et d'Anne

qui appartint successivement aux DE CORDES et aux VAN HAVRE et finalement dans les derniers temps au grand'père maternel de l'auteur de cet ouvrage, M. VAN DEN WOUWER-VERLUYTEN. Après la mort de celui-ci, elle passa à son gendre, M. KONINCKX-VAN DEN WOUWER.

[1] La généalogie de la famille VAN CAVERSON se trouve dans le volume de 1870 de l'*Annuaire de la Noblesse de Belgique*. Les VAN CAVERSON s'allièrent aux UTERHELLICHT, STAMPIOEN, COOLS, BATEN dit VAN DER STRAETEN, DERMUYEN, ZUYLEN, VAN BLANCKELAER, DE MERBAIX, JANSSENS, GOOSSENS, BODDEN, VAN GINDERTAELEN, VAN HOVELDE, ROGGE, VAN DER HEYDEN, OUDENROGGHE, VAN DE PUTTE, SCHOORENBROOT, VAN SURPLE, VAN DER MAELEN, VAN DER VORST, ZILLEN, VAN MONTENAEKEN alias COOLS, BOELS, VEKEMANS, VAN COLEN, IMPENS, VRANOX, DE BETREMOILLE, DE TENREMONDE, VAN NYVERSOCH, GILLOENS, VAN INGELANT, CROHEYN, HOUSSAERT, LOKERMANS, CRIECKE, REYNBOUTS, VAN CUTSEM, GRIMBERGHS, LE FEBURE, VAN DEN WOUWERE, VAN DEN BOSSCHE dit DU BOIS, DES POMERAULX, VAN VEEN, VAN DEN BEMDEN, BRYDAELS, WOUTERS, DE FOCCANT, JACOPS alias WILLICH, VAN DEN BOOM, LE MIRE, DE HANNOSSET, MERTENS, DE BRETEL, KINNART, DE MOOR, DE MIDDELBOURG, VAN DER NOOT, VAN GHESSELS, VAN COPPENOLLE, SCHOCKAERT, DE PAPE, HUYSMAN, DE SANDELIN.

van den Bemden, sa première femme, qui était fille de Gérard van den Bemden, trésorier de la ville de Bruxelles, et d'Antoinette Rogge.

Antoinette van Caverson était sœur de Paul van Caverson, colonel des gardes de l'empereur, anobli avec son père et son frère Jacques van Caverson, licencié ès lois, directeur-général de la Monnaie dans les Pays-Bas. Elle était également sœur de Barbe van Caverson qui épousa Henri le Mire, receveur-général des droits de médianate à Bruxelles, et de Pétronille van Caverson, l'épouse de François de Hannosset, commissaire des montres des gens de guerre, puis conseiller-maître à la Chambre des Comptes de Brabant :

Nous Jean de Launay, Chevalier de l'ordre militaire de Christo, Seigneur d'Asfeldt, Lieutenant, Grand Gruijer, Watergrave, Plums-grave, et Maitre des Garennes du Pays et Duché de Brabant pour Sa Majesté, Capitaine, Hérault et Poursuivant d'Armes en ce Paijs-Bas et Bourgogne. Certifions et attestons sur notre honneur que la famille de Wouters est très ancienne et Noble, originaire en l'Allemagne et Paijs de Westphalie, portant pour armes un Écusson d'argent à un arbre arraché de sinople, à la pointe dudit Écusson coupé d'azur, chargé d'un Lévrier courant d'argent, le Colier d'or, et pour cimier sur le timbre un Homme Chasseur au Naturel, sortant du Bourlet dudit timbre étant revestie de sinople, tenant une trompe d'or en sa main droite à la bouche, aijant plusieurs de cette famille fait plusieurs grandes nobles alliances, et desservi états et offices honorables en la foi catholique et fidélité de leurs princes naturels et été adonés ès ordres militaires Theutonique, de Jérusalem, et entre autres Rodolphe Wouters Chevalier dudit ordre Theutonique Commandeur de Rosiel en Prusse en l'an 1451, comme paroit par une Lettre en Parchemin où les scels sont apendus passée devant Évèque

d'Utrecht en la susdite année et dont par preuve est légitimement descendu par succession de ſtems et représentation de
personnes, le sieur Dominique WOUTERS résident en ce Paijs
Bas, où il épousa Demoiselle Jeanne VAN LIBEEK de la quelle
il a engendré entre autres enfants le sieur Dominique WOUTERS
qui à Bruxelles épousa Demoiselle Antoinette DE CAVERSON issue
d'une fort bonne et honorable famille portant pour armes de
guelles, à un Dauphin d'argent couronné d'Or, de la quelle il
eût plusieurs Enfans, à la réquisition du quel nous avons dépéché
Cette, signé de notre main et scellé du sceau de nos armes
pour luy servir et valoir par tout où il trouvera convenir : à
Bruxelles le 16 de Juin 1655.

(signé) DE LAUNAY Sʳ d'Asfeldt.

Ce diplôme fut légalisé le 19 Juin 1655 par W. GHIN
DERTAELEN, greffier de Sa Majesté en son Conseil Souverain de Brabant.

Dominique WOUTERS eut d'Antoinette VAN CAVER
SON quatorze enfants baptisés à Sainte-Gudule de
Bruxelles :

1. Jeanne, le 7 Mai 1624 (Jérôme *van Caverson*,
grand'père maternel — Pétronille *van den Bemden*
pour Jeanne *van Liebeecke*, grand'mère paternelle).

2. Catherine, le 19 Août 1625 (Jean *de Backer*,
oncle paternel — Catherine *van Liebeecke* remplacée
par Marguerite *Beydaels*, seconde femme de Jérôme
van Caverson, grand'père maternel), décédée le 1 Février
1698, épousa à Sainte-Gudule, le 6 Mai 1655, Barthélemie LE MIRE, juge de la Chambre Souveraine des
Tonlieux de Bruxelles, réhabilité, rétabli dans l'état
de noblesse de ses ancêtres et anobli de nouveau pour
autant que de besoin, par lettres patentes du 3 Février

1675, baptisé à Sainte-Gudule, le 8 Juillet 1626 et décédé à Bruxelles, le 7 Janvier 1693, fils de Jean et de Marguerite VAN DOORNE qui était fille de Jean et de Marguerite DE WANSYN ; petit-fils de Barthélemi LE MIRE, bourgmestre des nations à Bruxelles, receveur du canal, et de Gertrude METERMANS.

Barthélemi LE MIRE était frère d'Anne qui épousa Jérôme LE FEBURE, assesseur du Mont de Piété ; de Cécile qui épousa Guillaume LE FEBURE, seigneur de la Queue et en Larebroeck, anobli par patentes du 15 Juin 1671 ; de Claire qui épousa Jean VAN PAEFFENRODE, avocat au Conseil Souverain de Brabant ; et de Marguerite, l'épouse de Guillaume-Antoine SILLEVOORTS, commissaire des montres des gens de guerre.

Ils eurent huit enfants baptisés à Bruxelles :

A. Barbe LE MIRE, à l'église Saint-Nicolas, le 26 Février 1656 et décédée le 7 Novembre 1678, épousa à Sainte-Gudule, le 22 Mars 1676, Ignace VAN DER LEEPE, conseiller-receveur des convois à Bruges, décédé un seul jour avant son épouse, fils de Jean VAN DER LEEPE, échevin, chef-homme, trésorier et conseiller de la ville de Bruges, seigneur de Ter-Leye et de Ter-Gote, prévôt de la Confrérie du Saint-Sang, gouverneur de l'École Bogaerde, et d'Antoinette VAN PRAET, sa seconde femme.

B. Catherine LE MIRE, à Saint-Nicolas, le 19 Janvier 1657, épousa en la chapelle de Scheut, devant le curé de Notre-Dame de Finisterre, le 8 Juillet 1681, Simètre-Ferdinand BRIERS, seigneur de Meensele, licencié ès lois, conseiller, juge et assesseur de la Monnaie, avocat au Grand-Conseil de Malines, anobli par lettres patentes du 21 Juin 1681 et créé chevalier par lettres du 2 Mai 1682. Il était né à Louvain, fils de Pierre.

c. Thérèse LE MIRE, à Saint-Nicolas, le 23 Mars 1658.

d. Jérôme-Ignace LE MIRE, à Saint-Nicolas, le 8 Juin 1659. Il entra dans la Compagnie de Jésus.

e. Dominique-François-Xavier LE MIRE, à Saint-Nicolas, le 21 Août 1660. Il fut nommé chanoine d'Anderlecht par patentes du 25 Décembre 1681 et décéda le 21 Août 1715.

f. Cécile-Thérèse LE MIRE, à Sainte-Gudule, le 12 Mai 1662 et décédée le 3 Juin de la même année.

g. Jeanne-Marie-Éléonore LE MIRE, à Sainte-Gudule, le 17 Décembre 1665.

h. Guillaume-François LE MIRE, à Saint-Nicolas, le 18 Juillet 1666, licencié ès lois, décédé le 18 Mai 1718 et enterré aux Récollets, épousa à Anvers, le 18 Décembre 1698, Jeanne-Thérèse COGET, baptisée à Sainte-Walburge d'Anvers, le 22 Juin 1672, décédée à Bruxelles, le 23 Mars 1750, fille de François et d'Agnès HEUBENS qui était fille de Maître Jean HEUBENS et de Marie POTTIER [1].

---

[1] La généalogie de la famille LE MIRE se trouve dans *l'Annuaire de la Noblesse de Belgique* pour 1870. Les LE MIRE s'allièrent aux DE WALLINCOURT, FUZELIÈRE, DE HUMBERT, DUPUIS, COMART, DE CHIÈVRE, SEULIN, CAILLEAU, LE FIN, DE RIOCOURT, LE CARON, GALLEMART, DE NYMAY, ORQUET, DE LANDAS, DEMARETS, SUBERLIN, MOTA, DE BEAUVAIS, LE SERRE, LE DIEU, BRECHIEZ, WYTENS, DELCOURT, DE BEAUDIN, RASOIR, CORNUT,

3. Dominique, le 5 Octobre 1626 (Reverendus Dominus Guillielmus *van Caverson*, licencié en théologie, chanoine de Maastricht et d'Anderlecht, grand'oncle maternel — Marguerite *Beydaels*).

4. Dominique-Gérard qui suit.

5. Jérôme, le 18 Juin 1629 (Jérôme *van Caverson*, grand'père maternel — Pétronille *van den Bemden*). Il embrassa l'état ecclésiastique, mourut à Hasselt, le 25 Décembre 1685 et y fut enterré dans l'église Saint-Quentin, sous une pierre tumulaire portant ses armoiries.

6. Jeanne-Claire, béguine, baptisée le 4 Mars 1631 (Dominus Joannes *de Jonghe*, oncle paternel — Jeanne *Mertens*, épouse de Guillaume *van Caverson*, tante maternelle).

7. Antoinette, le 17 Mars 1634 (Jacques *van den Bemden*, receveur de la ville de Bruxelles — Maximilienne *van Caverson*, tante maternelle), décédée sans alliance.

8. Laurent, le 21 Août 1635 (Laurent *Wouters*,

---

oncle — Catherine *van Caverson*, grand'tante maternelle).

9. Jean-Baptiste, le 14 Décembre 1636 (Jean *Reynbouts*, commissaire de la cavalerie, grand'oncle maternel — Élisabeth *van Caverson*, grand'tante maternelle). Il entra dans l'ordre de Saint-Dominique, habita longtemps le couvent des Dominicains à Bruxelles et devint orateur latin et préfet du Saint-Rosaire à Louvain. Il est l'auteur de plusieurs ouvrages théologiques et ascétiques ; nous connaissons de lui :

1° *Het wonder Leven, de kostelyke Doodt, met het begryp der mirakelen van de H. Rosa.* Brussel. 1668 (Traduction flamande du latin). Il en parut des éditions augmentées, à Bruxelles, en 1671, 1672 et 1673.

2° *Epitome S. Scripturæ hexametro memoriali contractæ in gratiam eidem piè Studentium.* Bruxellis, Vleugaert. 1684. La dédicace de ce volume est signée dans les termes suivants : *Scripsi Bruxellis in Conventu nostro S. Ordinis Prœdicat. Anno juxta Calendarium Romanum, à Nativitate Christi 1684, Calendis Januarii.*

Frater Joannes Baptista WOUTERS.

3° *Vita Angelica Doctoris Angelici S. Thomæ Aquinatis.* Cet ouvrage est resté en manuscrit.

10. Chrétien qui est l'auteur de la sixième branche.

11. Marie-Marguerite, le 15 Janvier 1639 (Jacques *van Caverson*, lincencié ès lois, maître-général de la Monnaie aux Pays-Bas, oncle maternel — Marguerite *Beydaels).*

12. Marie, le 17 Septembre 1640 (Sébastien *van den Boom*, oncle maternel — Marguerite *Beydaels)*.

13. Marie-Anne, béguine, baptisée le 16 Septembre 1641 (Guillaume *van Caverson*, oncle maternel — Marie *van Caverson*, tante maternelle, pour Demoiselle Marie *Wouters*, tante paternelle).

14. Guillaume-Pierre-Jacques qui est l'auteur de la septième branche.

VI. Dominique-Gérard WOUTERS, écuyer, conseiller aux Finances de Sa Majesté, secrétaire-général du commerce de l'Espagne et des Indes, commissaire du commerce des Pays-Bas, commis aux Certifications qui se délivraient aux francs-bourgeois de la ville de Bruxelles :

Comme par le Trespas de Quintin VOETS, Commis aux Certifications qui se donnent aux francqs bourgeois de Bruxelles, il convient d'ij commectre quelque autre, le Trésorier Général, et Commis des domaines et finances du Roy, pour le bon rapport que faict leur a esté de la personne de Dominicq WOUTERS, se confians de ses léauté, preud'hommie et bonne diligence, ont icelluy Dominicq WOUTERS, Commis, ordonné et estably, Commectent, ordonnent et establissent par ceste audit estat de Commis aux Certifications qui se donnent aux francqs bourgeois de Bruxelles vacquant par le trespas dudit Quintin VOETS, comme cij-dessus, en luy donnant plain pouvoir, authorité et mandement spécial dudit estat doresenavant tenir, exercer et deservir, et y faire bien et deuement tout ce que léal Commis susdit peult et doibt faire, et que y compete et appartient, sur les Instructions deja faites et autres à faire pour le faict et conduicte dudit office, aux gages, droicts, proufficts et exemptions y appartenans, et tels et semblables qu'a eu et jouij ledit feu Quintin **Voets**, sur quoy et de soij bien et denement acquicier, ledit Dominicq **Wouters** sera tenu de prester le serment pertinent es mains des Président et Gens de la Chambre des Comptes en Brabant que lesdits des finances commectent à ce par cestes. Faict à Bruxelles au Conseil desdits Finances le sixième de Mars 1600 soixante cincq. Estait soubsigné, P. **Dennetières**, J. **Cockaerts**, J. **d'Ognate**, G. **van Uffels** [1].

Le 9 Mars 1665, Dominique-Gérard **Wouters** prêta le serment demandé.

Baptisé à Sainte-Gudule de Bruxelles, le 17 Octobre 1627 (Gérard *Zegers*, oncle paternel — Barbe *de Moor*), Dominique-Gérard **Wouters** y épousa, dans la chapelle domestique du palais de la Duchesse de Lorraine, le 17 Août 1658 (François *Vincent* — Jacques *le Brun*), Marguerite **Forget**, d'une ancienne famille noble de France, demoiselle d'honneur de la Duchesse de Lorraine, assistée à son mariage par Madame la Duchesse et par Mademoiselle la Princesse, sa fille. Son père était Jean-Baptiste **Forget**, originaire de Lorraine, médecin principal du Duc et de la Duchesse [2].

---

[1] Extrait du *Registre des Commissions des officiers ressortissans sous la Chambre des Comptes en Brabant depuis* 1658 *à* 1680, déposé aux Archives Générales du Royaume et portant le n° 369 de l'Inventaire des Archives des Chambres des Comptes, fol° 136 v/°.

[2] On voit dans la généalogie de la famille bretonne **de la Boessière**, insérée dans le volume de 1870 de l'*Annuaire de la Noblesse de Belgique*, que Catherine **Forget** épousa Maurice **de la Boessière**, seigneur de Keraslouant, né avant 1513,

Ils eurent dix enfants baptisés à Bruxelles :

1. Catherine-Marie , à Sainte-Gudule , le 20 Août 1659 (Dominique *Wouters* , grand'père — Demoiselle Catherine *Wouters* , tante).

2. Dominique-Jacques qui suit.

3. Henri qui est l'auteur de la huitième branche.

4. Antoinette , à Sainte-Catherine , le 30 Juin 1666 (Jérôme-Ignace *Jacobs* — Antoinette *Wouters* , tante).

5. Marie-Maximilienne , à Sainte-Catherine , le 22 Septembre 1667 (Clarissimus Dominus Joannes *Eecaut* , pour Jérôme *Wouters* , oncle — Maximilienne *van Caverson* , tante maternelle).

6. Jean-Baptiste-Barthélemi qui est l'auteur de la neuvième branche.

7. Barbe-Thérèse-Rose , à Sainte-Catherine, le 23 Septembre 1671 (Jérôme *van Caverson* , grand'oncle maternel — Barbe *van Caverson* , grand'tante maternelle), épousa à l'église de Finisterre de Bruxelles, le 31 Août 1698 (Dominus Dominicus *Wouters* , père — Dominus Franciscus-Josephus *de Gargan*), Pierre-François DURY, baptisé à Notre-Dame de la Chapelle, à Bruxelles ,

---

fils de Bertrand DE LA BOESSIÈRE, seigneur de la Boessière et de Keraslouant, et d'Aliette DE KERLIVIOU, dame de Keraslouant : et que Ivon DE LA BOESSIÈRE, seigneur de Keraslouant et de Lennuic , fils de Charles DE LA BOESSIÈRE , seigneur de Lennuic et de Keraslouant , reconnu noble d'ancienne extraction à la réformation de Bretagne , le 20 Mai 1539 , et de Marie LARBALESTRIER , sa première femme , épousa , par contrat du 19 Septembre 1541, Marie FORGET, fille de Jean FORGET, sieur de Kerlan , et de Marie NICOLAS.

le 2 Novembre 1679 , fils de Pierre et de Caroline Langedie.

8. Jacques-Charles-Ignace qui est l'auteur de la dixième branche.

9. Pétronille-Françoise-Hyacinthe , à Sainte-Gudule , le 23 Février 1675 (François *de Bretel* , conseiller de Sa Majesté et maître de la Chambre des Comptes de Brabant, au département du Luxembourg et du Comté de Chiny, cousin — Demoiselle Pétronille *van Caverson*, épouse de François *de Hannosset*, conseiller et maître de la Chambre des Comptes de Sa Majesté, grand'tante paternelle) , épousa Maximilien KINNART , capitaine royal, fils de Pierre et de Marie-Françoise Pauwens *alias* Powis qui avait épousé en secondes noces François de Moor.

Ils eurent huit enfants baptisés à Bruxelles :

A. Jacques-Dominique-Joseph KINNART , à Sainte-Gudule , le 5 Juin 1702 (Jacques *Wouters* , oncle — Demoiselle Marie-Thérèse *de Moor* , tante maternelle).

B. Jean-Baptiste-Jacques KINNART , né le 23 et baptisé à l'église de Finisterre , le 24 Juillet 1705 (Dominus Joannes-Baptista *Schinen* — Dame Marie-Anne *Kinnart)*.

C. Anne-Marie-Dominique KINNART, née le 7 et baptisée à Finisterre , le 8 Novembre 1709 (Consultissimus Dominus Dominicus *Wouters* , juris utriusque Licentiatus , etc. , oncle — Domicella Anna-Francisca *de Fuentes-y Castillo* uxor Domini *Wouters* graphiarij hujus civitatis , cousine).

D. Maximilien-Emmanuel-Gaspard KINNART , à Finisterre , le 5 Janvier 1711 (Jacques-Dominique-Joseph *Kinnart* — Demoiselle Marie-Jacqueline *Wouters* , cousine-germaine).

E. Isabelle-Joséphine KINNART , à Finisterre , le 10 Février 1713 (Dominus Joannes-Josephus *Huys* , seigneur de Thy , Hattain , Bois-Saint-Jean , etc. — Demoiselle Isabelle-Robertine *le Boileux).*

F. Charles-Erançois-Joseph KINNART, à Finisterre , le 8 Mars 1714 (Dominus Ferdinandus *de Velarde* — Demoiselle Marie *van Wetteren).*

G. Marie-Anne-Joséphine KINNART, née le 28 Septembre et baptisée à Finisterre , le 23 Octobre 1715 (Dominus Philippus-Josephus *des Champs* — Dame Marie-Élisabeth *Geeraerts.,* épouse de Jean-Joseph *Huys- de Thy)* , morte jeune.

H. Marie-Anne-Joséphine KINNART , à Finisterre , le 15 Juillet 1717 (Jacques *Kinnart* — Anne-Marie *Kinnart).*

10. Jeanne-Françoise-Louise , née le 9 et baptisée à l'église Saint-Nicolas , le 15 Octobre 1679 (Jean-François *de la Hamaide* dit *van Anvaing* — Dame Jeanne-Françoise *de Hannosset,* épouse de Balthasar *le Mire,* receveur des Médianats et secrétaire du Conseil de Brabant) , épousa à Sainte-Catherine de Bruxelles , le 10 Juillet 1710 (Corneille *Henry* — Albert *de Backer),* François HENRY.

VII. Dominique-Jacques WOUTERS , écuyer , licencié ès droits , capitaine , secrétaire-général du commerce et des expéditions de Sa Majesté pour l'Espagne et les

Indes, admis en 1696, dans le lignage de ROODENBEKE à Bruxelles, avec son frère Jean-Baptiste-Barthélemi WOUTERS, écuyer, qui épousa Cornélie SCHUYL et figure ci-après comme auteur de la neuvième branche.

Baptisé à Sainte-Gudule, le 13 Mars 1662 (Jacques *de Foccant*, ex-préfet des Écoles de la paroisse de Sainte-Gudule, grand'oncle maternel — Demoiselle Marie *van Caverson*, grand'tante maternelle), il épousa à la chapelle Sainte-Élisabeth, à Bruxelles, le 29 Décembre 1682 (Auguste *Neetens* — Henri *de Wouters*, frère), Marie-Thérèse DE MOOR, baptisée à Sainte-Catherine de Bruxelles, le 8 Avril 1659, fille de François et de Marie-Françoise PAUWENS *alias* POWIS qui était veuve en premières noces de Pierre KINNART précité; petite-fille de Henri DE MOOR et de Marguerite VAN OVERSTRAETEN.

Marie-Thérèse DE MOOR était sœur d'Albert DE MOOR qui épousa Marie-Jacqueline VAN CAVERSON, fille de Paul VAN CAVERSON, colonel des gardes de l'empereur Ferdinand III, et de Barbe KINNART; et de Ferdinand DE MOOR qui épousa Claire-Angéline MANGIN, fille de Christophe et de Pétronille DE COCQUIEL.

Ils eurent quatre filles baptisées à Sainte-Gudule :

1. Marie-Françoise-Thérèse, le 3 Septembre 1683 (Dominus Dominicus *Wouters*, Consiliarius Financiarum et Commissarius Commerciarum per Belgium, grand'père — Demoiselle Marie-Françoise *Pauwens*, grand'mère maternelle), épousa à Sainte-Gudule, le 23 Mars 1702 (Reverendus Dominus *de Mannery* — François *Moté*), Hercule-Joseph DE VILLEREY, lieutenant dans la légion du colonel CARACCIOLI, décédé avant 1730,

fils de Barthélemi DE VILLEREY, capitaine, et de Jolente-Françoise BRUNEAU, sœur du chevalier BRUNEAU.

Ils eurent cinq enfants :

A. Thérèse-Barthélemie-Gabrielle-Joséphine DE VIL-LEREY, baptisée à Sainte-Gudule, le 11 Janvier 1703 (Ferdinand-François *de Moor*, au nom du capitaine Barthélemi *de Villerey*, grand'père — Demoiselle Marie-Thérèse *de Moor*, grand'mère maternelle). Elle fut élevée dans un couvent royal à Madrid, fut dotée par la Reine d'Espagne, contracta mariage avec un espagnol et mourut veuve avant 1730.

B. N. DE VILLEREY, un fils né en Espagne, qui allait avoir en 1730, le grade de lieutenant réformé.

C. N. DE VILLEREY, une fille née en Espagne et élevée dans le même couvent royal. Elle mourut jeune.

D. N. DE VILLEREY, une fille née en Espagne et élevée dans le même couvent royal. Elle était à marier en 1730.

E. N. DE VILLEREY, une fille née en Espagne, vers 1720. La reine lui donna une place dans le même couvent royal. La marquise DE LA ROCHE, femme du premier secrétaire et valet de chambre du roi d'Espagne, fut sa marraine [1].

---

[1] Nous connaissons ces détails par la lettre suivante adressée de Madrid, le jour de la Saint-Joseph 1730, par la veuve DE VILLEREY-WOUTERS, à son cousin germain, Jean-Baptiste-Jacques WOUTERS, receveur de Sa Majesté dans la Campine, demeurant à Arendonck. Nous la publions en conservant l'ortho-

2. Barbe-Albertine-Thérèse , |le 1 Novembre 1684
(Albert *de Moor*, oncle maternel — Barbe *Minetia*),
épousa à Notre-Dame de la Chapelle, à :Bruxelles, le
31 Août 1719 (Gilles *van der Wauwen*, beau-frère

---

graphe de l'original que possède M. WOUTERS-DE BROGNIEZ à
Anvers :

Madrid le jour de S^t. Joseph 1730.

Monsieur et très cher Cousin

J'ai reçue la chère votre avec bien du plaisir d'apprendre que
vous et ma chère Cousinne et toute votre famille jouissoient
d'une parfaite santé. La mienne n'est pas trop bonne ; il vienne
ici une maladie très générale et on meurt plusieurs personnes ;
on nous fait accroire ici que cette maladie est très générale
par toute l'Europe : ma maison a été un hôpital comme vous
pourra dire le dit Mr François, car il a été malade aussi.

Je crains bien de mourir car vous scavez à ce que je crois
qu'en Espagne l'on n'enterre que des moines et des religiéuses,
c'est à dire qu'une si pauvre femme ou homme que ce peut
être, il faut un habit de religieuse et le visage découvert pour
être enterrée. Moi quand Dieu me rapellera à lui je fais mon
testament et je veux l'habillement des Carmellites de S^{te}. Thérèse
et le voile, comme je m'appelle Marie Thérèse. C'est assez
beau à voir dans ce païs tous les morts de religieuse ou religieux.

Je vous envoije, mon cher Cousin, quelque petite relique
pour le chapelet ; c'est ma fille qui les envoije à ma Cousine :
c'est un chapelet de grand prix car M^r. le Cardinal BORQUAS leur
père spirituel l'a apporté de Rome. Il ij a desous les os de
ce S^t. que l'on peut avoir.

Ma fille n'est pas encorre mariée, l'on attant la venue du
Roij à Madrid. Vous scavez qu'il me reste encorre une petite
fille de 10 ans. Je vous dirai, mon cher Cousin, que la Reine
lui a donné la place dans le même couvant où sont ses deux sœurs,
qui est un couvant Roijal comme sont ceux à Paris. Elle a la
même dot que ses sœurs; la Marquise LA ROCHE sera sa maraine,
elle entrera dans la fête de Paque, car il coutte 20 pistolles
l'entrée et lit, chaise, table et de tout, et comme nous ne sommes
pas païée de nos pensions, cela retarde jusqu'à lors. J'ai une

Marie-Jacqueline *Wouters*, sœur — Reverendus Dominus
Nicolaus *van Mestraeten*), Thomas-Alexandre-François
BARNABA, archer de la Garde du Corps, décédé à
Bruxelles, le 31 Octobre 1721 et enterré dans l'église

---

faveur qu'il n'ij a pas des exemples dans l'Espagne : 4 filles entrées
dans le même roijal couvant, car celle qui est morte ij étoit
aussi. Elle s'est mariée là.

Pour mon fils, j'espère qu'il va avoir le grade de Lieutenant
réformé. Voilà, mon cher Cousin, tous mes enfans sûrs d'avoir
du pain et moi délivrée d'eux. Je vous envoije une lettre du
marquis DE LA ROCHE premier secrétaire et valet de chambre
du Roij d'Espagne. Voijez comme il m'écrit, si je pourrai
menquer avec la faveur. Je serai bien : mes 30 francs que j'ai
par mois de ma pension, 10 francs de boursille du Roij par le
Marquis DE LA ROCHE et 10 du Cardinal et avec tout cela je
ne suis pas en état d'acheter une épée de soldat, car depuis
que le Roij n'est pas à Madrid nous ne sommes pas païé.

Je vous envoije une lettre du Cardinal BORQUAS père spirituel de
ce couvent qui a écrit à ma fille il ij a un an; il faut la faire
lire par une personne qui lit bien l'Espagnol pour bien com-
prendre les sens; cela vous fera voir si nous sommes considérés
en Espagne; mais prenez bien garde qu'elle ne sorte de vos
mains. Je serais ravie que ma sœur la vit et M^r le chevallier
BRUNAU qui est l'oncle de mes enfans car il est le propre frère
de feu ma belle mère Jolente Françoise BRUNAU. Vous me la
renvoijrez quand reviendra Mr François.

Je vous prie, mon cher Cousin, de faire souvenir à Mr François
de m'aporter du réglisse, nom que l'on appelle en flamand
calisesap; il coute ici une once. Il me l'a promis. Toute ma
famille vous assure de leur amitié et moi je sauterais de pouvoir
vous faire connaître avec combien d'amitié je suis, Monsieur
et très cher Cousin, votre très humble et très obéissante ser-
vante; j'embrasse de tout mon cœur ma chère cousinue. S'il
me reste encore quelque oncle ou matante, offrez leur mes très
humbles respects. Envoijez moi un certificat qui est notre grand
père et faites moi le plaisir de scavoir si de VAN DER WAUWEN
il ne me vienne rien car il me paroit que ma sœur lui avoit

de Notre-Dame de la Chapelle, dans le caveau de sa famille, veuf en premières noces de Thérèse-Isabelle VAN LANGHENHOVEN, et fils de Don Francesc'Antonio BARNABA, colonel napolitain au service du roi d'Espagne, et d'Anne HERION, fille d'un capitaine de dragons, originaire du comté de Namur; petit-fils de Giovanni-Domenico BARNABA, officier calabrais au même service.

Ils eurent deux enfants baptisés à Notre-Dame de la Chapelle :

A. Marie-Jacqueline BARNABA, née le 8 et baptisée le 9 Août 1720 (Henri *Barnaba* — Marie-Jacqueline *Wouters*, tante).

B. Gilles BARNABA (posthume), le 5 Décembre 1721 (Gilles *van der Wauwen*, oncle maternel — Anna Francisca *de Fuentes-y Castillo* uxor Domini Jacobi *Wouters* secretarii hujus urbis, grand'tante) [1].

---

laissé son bien que tant qu'il vive, après sa mort à nous. Ma sœur ne m'a pas écrit il ij a plus d'une année. Ecrivez moi dès que vous aurez découvert quelque chose, car je ne regarderai pas à un port de lettre.

(signé) WOUTERS et Veuve VILLEREIJ.

Mon cher Cousin, je vous prie d'avoir soin d'envoijer toutes ces lettres par main sûre à leur adresse et lire la réponse et quand vient ledit François lui donner toutes les réponses, car je suis très impasiante d'avoir des nouvelles et de Lille.

Mon cher Cousin, vous envoijerez ces deux lettres à Mr. le Chevr BRUNAU tous dans un paquet après les avoir lu et lui marquerez votre demeure pour qu'il vous les renvoije et la réponse. Faites moi le plaisir de lire la lettre de ma sœur et touchant VAN DER WAUWEN. Adieu.

[1] La généalogie de la famille BARNABA se trouve dans *l'Annuaire de la Noblesse de Belgique* pour 1865. Les BARNABA

3. Catherine-Jeanne , le 31 Mars 1686 (Balthasar *de Moor* — Demoiselle Catherine-Jeanne *Coorenaert*).

4. Marie-Jacqueline, née le 28 Mars et baptisée le 17 Avril 1687 (Dominus Ferdinandus *de Moor* — Domicella Maria-Jacoba *van Caverson* , tante maternelle) et décédée à Bruxelles , dans la paroisse de Notre-Dame de la Chapelle , épousa dans la même église , le 19 Avril 1716 (Thomas *Barnaba* , beau-frère — Jean-Baptiste *Renoldin*) , Gilles VAN DER WAUWEN , décédé dans la même paroisse , le 16 Septembre 1729 et inhumé dans son caveau (*sub tomba propria*).

Ils n'eurent point d'enfants.

Quatrième Branche.

IV^{ter}. Jean WOUTERS , fils de Dominique et d'Anne SCHUIJLINCKX , sa seconde femme, fut échevin et homme de fief de la seigneurie de Merxem et Dambrugge de 1627

---

s'allièrent aux HERION , VAN LANGHENHOVEN , WOUTERS , DELSARTS , VAN SCHOONENDONCK , DU MARTEAU , VAN BRACCUM , DE MAERSCHALCK , DE LISER , MENARS , SNAGELS , DE RIDDER , VAN BEMMEL et HULET. L'annuaire se trompe en disant que Barbe-Albertine-Thérèse (qu'il nomme simplement *Thérèse*) WOUTERS , l'épouse de Thomas-Alexandre-François BARNABA , était fille de Jacques WOUTERS , secrétaire de la ville de Bruxelles , et d'Anne-Françoise DE FUENTES-Y CASTILLO.

à 1630, receveur des polders qui dépendaient de la même seigneurie de 1631 à 1634.

Baptisé à Notre-Dame d'Anvers, le 4 Août 1572 (Bernard *Pluijm* — Adrienne *le Roy*), décédé à Merxem, près d'Anvers, le 17 Novembre 1650 et y enterré dans l'église paroissiale, il épousa à Notre-Dame d'Anvers, le 31 Janvier 1606 (Dominique *Wouters*, frère — Arnold *Francken* époux d'Esther *de Neuf*, sœur), Susanne DE NEUF, décédée à Merxem, le 15 Avril 1641 et enterrée dans la même église, veuve en premières noces de Jean HAECX [1], et fille de Simon DE NEUF, ascendant

---

[1] Susanne DE NEUF avait épousé en premières noces, à Notre-Dame d'Anvers, le 19 Janvier 1593 (David *Haecx*, père — Simon *de Neuf*, père), Jean HAECX, un des trente deux enfants de David HAECX de Bois-le-Duc, et d'Anne DU CARNE, sa première femme, qui était fille de Jean et de Françoise COLEN.

Ils eurent quatre enfants baptisés à Notre-Dame d'Anvers :

1. Françoise HAECX, le 23 Mars 1594 (Simon *de Neuf*, grand'-père — Françoise *du Carne*, née *Colen*, arrière grand'mère), épousa à Notre Dame-Sud, le 5 Mai 1615 (Simon *de Neuf* le vieux — André *Janssens*, père), André JANSSENS, trésorier et échevin de la ville d'Anvers, décédé le 10 Avril 1666, fils d'André et de Dimphne MEEUS. Il était veuf en secondes noces de Jeanne NICOLAÏ.

2. David HAECX, le 3 Mars 1596 (David *Haecx*, grand'père — Claire *del Vael*, troisième femme de Simon *de Neuf* le vieux), décédé à Merxem, le 3 Octobre 1643 et y enterré dans le chœur de l'église paroissiale, ayant été échevin et homme de fief de la seigneurie de Merxem et Dambrugge de 1639 jusqu'à sa mort, épousa à Notre-Dame-Nord d'Anvers, le 24 Janvier 1621 (Jean *Wouters*, second mari de sa mère — Henri *Waggens*), Agnès WAGGENS, décédée à Merxem, le 8 Mars 1662 et inhumée près de son mari, sœur de Madeleine qui épousa Jean PIJNAPPEL.

3. Susanne HAECX, le 26 Août 1598 (David *Haecx* le jeune, oncle — Esther *de Neuf*), décédée à Merxem, le 6 Décembre 1678

des seigneurs d'Hooghelande et de Terlinden et des DE NEUF-DE BURGHT, et de Lucie VAN COEVOORDEN, sa première femme [1].

Nous avons retrouvé leur épitaphe dans l'église paroissiale de Merxem :

SEPULTURE VAN JEHAN WOUTERS
COOPMAN VAN ANTWERPEN
OVERLEET DEN 17 NOVEMBER
A°. 1650
ENDE VAN DE EERBAERE JOFF.
SUSANNA DE NEUFF SYN HUYS
VROUWE OVERLEET DEN 15
APRILYS A°. 1641
ENDE DEN EERSAEMEN DOMINICUS
WOUTERS BROUWER TOT
MERCXEM STERF DE 9 NOVEMBER
A°. 1651.

---

et y enterrée dans le chœur de l'église, épousa à Notre-Dame-Sud d'Anvers, le 14 Mai 1619 (Simon *de Neuf* le vieux — André *Janssens*), Jean JANSSENS, trésorier de la ville d'Anvers, né le 24 Janvier 1589 et décédé le 10 Février 1651, frère d'André précité.

4. Jean-Baptiste HAECX, le 18 Février 1601 (Godefroid *Snijers* — Anne *Haecx*).

[1] La généalogie de la famille DE NEUF se trouve en partie dans le *Dictionnaire généalogique et héraldique des familles nobles du royaume de Belgique*, par GOETHALS. Les DE NEUF s'allièrent aux familles VAN COEVOORDEN, HAECX, DEL VAEL, FRANCKEN, WOUTERS, DIERENS, STEYMANS, VAN EVERSDYCK (dont ils reprirent le blason), MORETUS, VAN DEN BRANDEN-DE REETH, VAN DER HEYDEN, LE CAT, VAN COLEN, VAN DEN CRUYCE, DU BOIS-D'AISSCHE, VAN DEN WERVE-DE VORSSELAER, D'OULTREMONT-DE WÉGIMONT, DU BOIS-DE VROYLANDE, GEELHAND, MARTINI, VAN DELFT, BERTINA et HEERSMANS.

Ils eurent trois fils baptisés à Notre-Dame d'Anvers :

1. Jean-Baptiste, le 20 Juin 1607 (Simon *de Neuf* — Anne *Schuijlinckx*, grand'mère paternelle).

2. Dominique qui suit.

3. Simon, le 24 Juillet 1611 (Simon *de Neuf* — Esther *Francken* née *de Neuf*, tante).

V. Dominique WOUTERS, échevin et homme de fief de la seigneurie de Merxèm et Dambrugge de 1645 à 1650, propriétaire d'une brasserie.

Baptisé à Notre-Dame d'Anvers, le 6 Mai 1609 (Dominique *Wouters*, oncle — Marie *de Neuf* née *Dierens*, tante), décédé à Merxem, le 9 Novembre 1651 et enterré près de ses parents, il épousa à Anvers, en premières noces, à Notre-Dame-Nord, le 17 Décembre 1634 (Jean *Wouters*, père — David *Haecx*, oncle maternel), Jeanne PIJNAPPEL, baptisée à la même église, le 6 Août 1617 et décédée le 16 Septembre 1636, sœur de Catherine PIJNAPPEL qui épousa Jean-Baptiste BOLGARO [1], et fille de Jean et de Madeleine WAGGENS dont la sœur, Agnès WAGGENS, avait épousé David HAECX, aussi échevin et homme de fief de la seigneurie de Merxem et Dambrugge de 1639 à 1642.

Il épousa en secondes noces, à Notre-Dame-Sud, le

---

[1] Leur fille Catherine-Angélique BOLGARO épousa Paul-Severin DE GENELLIS, échevin de Bruges et greffier de la seigneurie de la Woestyne, fils de Severin DE GENELLIS, aussi échevin de Bruges, et d'Anne-Jeanne RAMONDT, sa première femme.

15 Janvier 1643 (Jean *Liebrechts* — Jean *van Salandt)*,
Élisabeth VAN PAPENHOVEN, née à Maasijck et décédée
à Merxem, le 12 Décembre 1695. Elle épousa en
secondes noces, à Merxem, le 2 Janvier 1653 (Chrétien
de Ridder le vieux, père — Reverendus Dominus *de
Bolle*, pastor in Schooten), Chrétien DE RIDDER, prévôt
de la Gilde des Arquebusiers, échevin et homme de fief de
la seigneurie de Merxem et Dambrugge de 1656 à 1659,
de 1663 à 1668 et de 1673 à 1684, né à Schooten près
d'Anvers et décédé à Merxem, le 19 Février 1706,
fils de Chrétien [1] ; il était petit-fils d'un Chrétien qui

------

[1] Chrétien DE RIDDER eut d'Élisabeth VAN PAPENHOVEN quatre
filles baptisées à Merxem :

A. Marie DE RIDDER, le 31 Janvier 1655.

B. Béatrix DE RIDDER, le 4 Mars 1656.

C. Élisabeth-Catherine DE RIDDER, le 21 Novembre 1657.

D. Agnès DE RIDDER, le 13 Janvier 1659, décédée à Anvers,
le 2 Mai 1679, épousa à Merxem, le 15 Février 1679, Jean-Jacques
DE MAN, baptisé à Sainte-Walburge d'Anvers, le 29 Août 1653,
frère d'Anne-Catherine qui épousa Simon WOUTERS, frère utérin
d'Agnès DE RIDDER, et fils de Jean DE MAN et de Catherine
PANSIUS, sa première femme. Jean-Jacques DE MAN épousa en
secondes noces, à Sainte-Walburge d'Anvers, le 26 Novembre
1679, Élisabeth *alias* Isabelle DE WILDE, fille de Henri et
d'Élisabeth VAN PRUYSSEN, sa première femme, et décéda le septième jour après ce second mariage, le 3 Décembre 1679. Sa
veuve se remaria à son tour, à la même église, le 8 Juin 1680,
avec Abraham SCHRIJNMAKERS, marguillier de l'église Sainte-
Walburge, ascendant des SCHRIJNMAKERS-DE DORMAEL, et fils de
Pierre SCHRIJNMAKERS, échevin, questeur et trésorier-général
de la ville d'Anvers, et de Madeleine MACQUEREEL, fille de
Jacques; petit-fils de Jean SCHRIJNMAKERS et de Marie DE MAN
qui était fille de Pierre DE MAN, regardé comme l'auteur de
la famille anversoise de ce nom.

était fils unique d'un autre Chrétien , dont le frère,
Pierre DE RIDDER eut une fille Jeanne qui épousa Adrien
VAN DER AA , ascendant des VAN DER AA-DE RANDERODE.
Ce dernier Chrétien et Pierre étaient fils de Wautier DE
RIDDER appartenant à une ancienne famille échevinale
de la seigneurie de Merxem et Dambrugge.

Leur épitaphe dans l'église paroissiale de Merxem est
ainsi conçue :

D.　O.　M.

SEPULTURE

VAN CHRISTIAEN DE RIDDER

OUDT SCHEPEN EN HOOFM

VAN^e. COLVEN^{rs}. GULDE ALHIER

STIRF 19 FEBRUARI 1706

EN

ELISABETH VAN PAPENHOVEN

SYN HUYSVR STIRF 12 X^{ber}

A°. 1695

B.　V.　D.　Z.

Dominique WOUTERS eut de Jeanne PIJNAPPEL,
sa première femme :

1. Jeanne-Madeleine , baptisée à Merxem, le 3 Septembre 1636 (Signor Jean *Wouters* , grand'père —
Demoiselle Madeleine *de Grande*) et décédée le 16 Décembre 1672, épousa à Saint-Jacques d'Anvers, le 4 Novembre 1653 (Jean-Baptiste *Nijs* — Dominus Daniel

van Maldeghem, prêtre), André MAESMANS, seigneur de Bautersem [1], écoutête des seigneuries et villages de Broechem et Oeleghem et de la baronnie de Hovorst, secrétaire de Santhoven et mayeur de Vremde, enterré dans l'église de Broechem, avec ses trois femmes, sous une pierre tumulaire portant ses armoiries. Il était veuf en premières noces de Demoiselle Marie-Anne MAUWENS, décédée le 20 Novembre 1651, et fils de Georges MAESMANS, secrétaire des seigneuries et villages de Broechem, Oeleghem, Ranst et Vremde, et de Christine DE HERTOGHE de la famille illustre des BERTHOUT-DE MALINES, fille de Jean DE HERTOGHE et d'Élisabeth VAN NUIJS ; il était petit-fils de Georges MAESMANS, échevin d'Hérenthals en 1580, 1582 et de 1583 à 1587. Il épousa en troisièmes noces Demoiselle Anne-Hélène VAN BUEREN, décédée le 3 Mars 1695, fille de Charles VAN BUEREN, écuyer, capitaine d'infanterie, et d'Anne VAN PUTTEM ; petite-fille de Jacques VAN BUEREN, écuyer, bourgmestre d'Anvers, conseiller et auditeur de l'Amirauté, et de Dame Hélène STEYDLIN ; arrière-petite-fille de Jacques VAN BUEREN, originaire du pays de Gueldre, et de Dame Isabelle MAES, qui était fille de Jean MAES, écuyer, et de Gommairine VAN MERLEN, sa première femme.

André MAESMANS gît avec ses trois femmes dans l'église de Broechem ; son épitaphe porte :

---

[1] Dépendance de Contich, prés d'Anvers.

AELST.
(p. 34.)

VAN CAVERSON.
(p. 37.)

LE MIRE.
(p. 39.)

FORGET.
(p. 45.)

DURY.
(p. 46.)

DE MOOR.
(p. 49.)

BARNABA.
(p. 52.)

DE NEUF (ancien).
(p. 55.)

MAESMANS.
(p. 60.)

D.   O.   M.

MONUMENTUM

Do: ANDREÆ MAESMANS TOPARCHÆ
DE BAUTERSEM PRÆTORIS DE VREMPDE
QUONDAM SECRETARIJ POSTEA PRÆTORIS
DE BROECHEM , OLEGEM , HOVORST ET
DE SANTHOVEN ET OBIJT . . . . .
EIUSQUE CONIUGUM
Do: MARIÆ ANNÆ MAUWENS OBIJT 20
NOVEMBRIS A°. 1651.
ET Do: JOANNÆ MAGDALENÆ WOUTERS
OBIJT 16 DECEMBRIS A°. 1672.
ET Do: ANNÆ HELENÆ VAN BUEREN OBIJT
3 MARTIJ A. 1695 [1].

Les époux MAESMANS-WOUTERS eurent entre autres
enfants placés sous la tutelle de Réginald NIJS , seigneur
de Ter Haegen :

A. Philippe-Jacques MAESMANS , notaire à Eeckeren
près d'Anvers de 1704 à 1713.

B. Susanne MAESMANS.

C. Marie-Madeleine MAESMANS, épouse de Guillaume-
Adrien VERSTEGEN, échevin et homme de fief de la
seigneurie de Merxem et Dambrugge en 1685, décédé
à Merxem , le 6 Août 1702 et y enterré.

---

[1] Manuscrits du secrétaire d'Anvers, André-Eugène van VALC-
KENISSE , déposés à la Bibliothèque Publique de la ville d'Anvers .
(T. III. p. 28—31).

D. Jean-Baptiste MAESMANS, jésuite à Anvers en 1697.

Dominique WOUTERS eut d'Élisabeth VAN PAPEN-HOVEN, sa seconde femme, cinq fils baptisés à Merxem :

2. Dominique, le 8 Novembre 1643 (Signor Jean *Wouters*, grand'père — Demoiselle Mathilde N. de Maasijck, remplacée par Demoiselle Agnès *Waggens*, tante) et mort jeune.

3. Jean, le 29 Mai 1645 (Signor Jean *Wouters*, grand'père — L'épouse de Henri *Guers*. remplacée par Agnès *Waggens*).

4. Dominique-François, le 7 Août 1647 (François *Doncker*, remplacé par Jean-François *Haecx*, cousin — Demoiselle Agnès *Waggens*), décédé à Merxem, le 12 Décembre 1657 et y enterré dans le chœur de l'église paroissiale.

5. Gaspard, le 19 Décembre 1649 (Gaspard *Doncker* — Susanne *Haecx*).

6. Simon qui suit.

VI. Simon WOUTERS, marguillier de l'église Saint-Jacques d'Anvers. Ses tuteurs furent son beau-frère, André MAESMANS, seigneur de Bautersem, et son cousin, Jean-Baptiste JANSSENS, drossard de Merxem et Dambrugge, fils de Jean JANSSENS, trésorier de la ville d'Anvers, et de Susanne HAECX.

Baptisé à Merxem, le 12 Septembre 1651 (Dominus Florentius *de Neuf* in nomine Domini Simonis *de Neuf*, sui parentis — Catherine *Pijnappel*, tante), décédé à Anvers, le 10 Janvier 1693, au marché **aux**

chevaux , dans sa brasserie nommée *de Fonteyne*
et inhumé à Saint-Jacques, il épousa à Sainte-Walburge
d'Anvers , le 3 Février 1674 (Chrétien *de Ridder* ,
beau-père — Jean *de Man*) , Demoiselle Anne-Catherine
DE MAN , baptisée à la même église, le 17 Novembre
1649 et décédée le 12 Janvier 1703 , veuve en premières
noces de Jacques DE CEUSTER , et sœur de Jean-Jacques
DE MAN qui épousa Agnès DE RIDDER ci-haut. Elle était
fille de Jean DE MAN et de Catherine PANSIUS de Malines ,
sa première femme ; petite-fille de Corneille DE MAN ,
ascendant des barons d'Attenrode et des seigneurs
d'Hobrugge , et de Jeanne LE BOUCQ ; arrière-petite-
fille de Pierre DE MAN , le premier auteur connu de
la famille de ce nom [1].

Ils gisent à Saint-Jacques sous une pierre tumulaire
portant l'inscription suivante :

---

[1] La généalogie de la famille DE MAN se trouve dans
l'*Annuaire de la Noblesse de Belgique* pour 1876. Les DE MAN
s'allièrent aux familles SCHRIJNMAKERS, LE BOUCQ , LEEMANS,
CNOBBAERT . DE CORT, LESCORNET , DE BRUYN , VERMEULEN ,
PANSIUS , LENSSENS , DE RIDDER . DE WILDE , DE CEUSTER ,
WOUTERS, DOMIS, DES POMMERAULX , VAN EYCK , VAN DER PIET,
CUPIS-DE CAMARGO , DE KESSEL , DE PAPE , DE CORDES , VAN DER
STEGEN . DE PROVINS , ROL , SCHOCKAERT , VAN BEECK . REIS ,
VAN WEERDE . VAN MALE , HUYSMAN , BAESEN , DELLA FAILLE ,
DE ROBIANO , DE BUISSERET-DE BLARENGHIEN , LEFÈVRE-D'OR-
MESSON , DE SAINT-PHALLE . DE LAAGE-DE ROCHETERIE , VAN
BATTEL , VAN MEURS , CÓYMANS , VAN DER SCHELSTRATE , DE
BACKER , DE HEUVEL , DE WANNEMAECKER , PINS , JOOSSENS ,
VAN HAVRE . BROECKMANS . MORETUS , VAN PRAET , CORNELISSEN,
DU TOICT et MEYERS.

D. O. M.

SIMON WOUTERS KERCKMEESTER DESER
KERCK STIERF DEN 10 JANUARY 1693
JOUFFR. ANNA CATHARINA DE MAN
SYNE HUYSVR. STIERF DEN 12 JANŪ 1703
JOĀES CHRISTIAEN HUNNEN SONE
STIRF 23 APRIL 1703
PETRUS WOUTERS STIERF 14 OCTOBER
1708
JOANNA CLARA DE LAET SYNE
HUYSVROUWE STIERF 26 JULY 1707
CHRISTIAEN WOUTERS OUT AEL-
MOESSENIER STERFT 30 JUNY 1753
ENDE SUSANNA MARIA FORCKHOUT
SYNE HUYSVR. STERFT 27 JUNY 1752
B. V. D. S [1].

Ils eurent sept enfants baptisés à Saint-Jacques
d'Anvers et dont les tuteurs furent Chrétien DE RIDDER,
échevin de Merxem, second mari de leur grand'mère
paternelle, et Pierre DE MAN, d'Anvers, leur oncle :

1. Jean-Chrétien, le 8 Mars 1675 (Chrétien *de Ridder*,
grand'père — Demoiselle Cornélie *Leemsen*), décédé
sans alliance, à Anvers, le 23 Avril 1703 et inhumé
à Saint-Jacques, près de ses parents.

---

[1] *Inscriptions Funéraires et Monumentales de la province d'Anvers*. T. II. p. 153.

2. Dominique, le 9 Avril 1676 (Jacques *Pansius* — Élisabeth *van Papenhoven*, grand'mère paternelle) et mort jeune.

3. Anne-Catherine, le 19 Septembre 1677 (Dominus Ludovicus *de Ceuster* — Demoiselle Anne *de Man*), décédée à Anvers, le 12 Avril 1707 et inhumée dans Notre-Dame, épousa à Saint-Jacques de la même ville, le 20 Mai 1696 (Chrétien *de Ridder*, grand'père — Pierre *de Man*), Jordan VAN HERCK, baptisé à Notre-Dame-Nord d'Anvers, le 4 Juin 1667, y décédé le 22 Août 1741 et inhumé près de son épouse, fils de Jordan et de Catherine ROSSOENS, sa première femme; petit-fils de Jean et de Gertrude VAN DEN HEUVEL; arrière-petit-fils de Jordan et de Marie VAN DE VENNE, qui était fille de Christophe et de Catherine PEETERS.

Leur épitaphe à Notre-Dame d'Anvers est ainsi conçue :

PYST NU OP MY DIE WAS ALS GHY
GEDENKT HET WEL DEN TYD IS SNEL
D. O. M.
JORDAEN VAN HERCK
STIERF
DEN 22 AUGUSTUS 1741
ANNA CATHAR. WOUTERS
SYNE HUYSVROUWE
STIERF
DEN 12 APRIL 1707
R. I. P [1].

---

[1] *Inscriptions Funéraires et Monumentales de la province d'Anvers.* T. I p. 404.

Les époux VAN HERCK-WOUTERS eurent sept enfants baptisés à Notre-Dame-Nord d'Anvers :

A. Anne-Catherine VAN HERCK, le 29 Avril 1697 (Charles *van Damme*, grand-aumônier d'Anvers — Anne-Catherine *de Man*, grand'mère maternelle), épousa à Notre-Dame-Nord, le 22 Août 1720 (Jean-Thomas *Taets* alias *Tasse* — Jordan *van Herck*, père), Louis-Balthasar GORIS, grand-aumônier de la ville d'Anvers, y baptisé, à Saint-Jacques, le 28 Juin 1693 et décédé le 27 Mai 1761, frère de Marie-Isabelle-Claire GORIS qui épousa Pierre BARNABÉ, chevalier, seigneur de la Papotière, conseiller du Roi de France, et fils de Jean-Xavier GORIS et d'Isabelle-Marie VAN DER VOORT; petit-fils de Balthasar et de Marie VAN PAEFFENRODE qui était fille de Christophe et d'Anne SNIJERS ; arrière-petit-fils de Balthasar et de [Marie BERENBERG. Ce dernier Balthasar était fils de Melchior GORIS et de Madeleine DE LA HAMAIDE dite VAN ANVAING.

B. Chrétien VAN HERCK, le 25 Novembre 1698 (Jean-Chrétien *Wouters*, oncle, pour Chrétien *de Ridder* — Jeanne-Marie *de Man*, grand'tante maternelle), mort jeune.

C. Charles VAN HERCK, le 7 Août 1700 (Charles *van Damme* — Marie *van Herck*, tante), mort jeune.

D. Chrétien VAN HERCK, le 5 Février 1702 (Dominus Christianus *de Man*, prêtre et cousin — Élisabeth-Claire *le Febure*).

E. Isabelle-Françoise VAN HERCK, le 23 Février 1703 (Arnold *van Herck*, oncle — Isabelle-Françoise *Wouters*, tante).

F. Jordan VAN HERCK, le 31 Mai 1705 (Pierre *Wouters*, oncle — Anne *van Herck*, tante).

G. Charles VAN HERCK, grand-aumônier de la ville d'Anvers, marguillier de Notre-Dame et maître de la chapelle du Saint-Sacrement, né le 4 et baptisé le 5 Avril 1707 (Chrétien *Wouters*, oncle maternel — Jeanne-Claire *de Laet*, tante maternelle), décédé sans postérité, le 28 Janvier 1766 et enterré dans Notre-Dame, épousa le 4 Janvier 1738, à Notre-Dame-Nord, Anne-Jacqueline MUYTINCKX, née le 17 Septembre 1717 et décédée le 12 Septembre 1777, fille de Nicolas-Jérôme-Joseph MUYTINCKX, drossard de Deurne, échevin et grand-aumônier de la ville d'Anvers, et de Christine-Pétronille MUYTINCKX, sa cousine-germaine.

4. Pierre qui suit.

5. Élisabeth-Françoise, le 13 Juillet 1685 (Jean-François DE LA HAMAIDE dit VAN ANVAING — Demoiselle Élisabeth VAN CUIJCK) et décédée le 27 Septembre 1738, fille dévote et révérende mère du Tiers-Ordre de Saint-François.

Elle fut enterrée dans l'église des RR. PP. Récollets à Anvers, dans le même caveau qui contenait déjà trois demoiselles VAN HERCK, filles dévotes, sous une pierre portant l'inscription suivante [1] :

---

[1] *Inscriptions Funéraires et Monumentales de la province d'Anvers.* T. VI. p. 202.

CATHARINA VAN HERCK
STIRF 26 OCTOB. 1685
MARIA VAN HERCK
STIRF 12 NOVEMB. 1724
ANNA VAN HERCK
STIRF 14 JUNY 1722
GEESTELYCKE DOCHTERS
VAN DEN 3 REGEL
S. FRANCISCI
JOUFF. ISABEL. F. WOUTERS
GEESTELYCKE DOCHTER
EN MOEDER
VAN DEN 3 REGEL
STIERF 27 7ber 1738
R.   I.   P.

6. Chrétien qui est l'auteur de la onzième branche.

7. Jeanne-Marie, le 27 Décembre 1689 (Dominus Jacobus *de Ceuster* — Demoiselle Jeanne-Marie *de Man*, tante maternelle).

VII. Pierre WOUTERS, baptisé à Saint-Jacques d'Anvers, le 29 Janvier 1684 (Signor Petrus *de Man* — Demoiselle Marie *de Ceuster*), y décédé le 14 Octobre 1708 et inhumé à Saint-Jacques, près de ses parents [1] épousa à Anvers, en premières noces, à Sainte-Walburge, le 17 Juin 1703 (Pierre *de Man*, aumônier d'Anvers

---

[1] Voir l'épitaphe reproduite à la page 64 de ce volume.

— Marcel *de Laet*), Demoiselle Jeanne-Claire DE LAET , baptisée à la même église, le 13 Février 1681 , décédée à Anvers , le 26 Juillet 1707 et inhumée dans le même caveau, fille de Marcel et de Jeanne LUNDEN qui était fille de Siger et de Catherine VAN DEYNSE ; petite-fille de Guillaume et de Marie LIEBRECHTS qui avait épousé en secondes noces Jacques DOUGLAS-DE SCHOT et était fille de Marcel LIEBRECHTS et de Catherine DIERCXSENS , fille de Jean et de Catherine DE WAEL et petite-fille de Georges DIERCXSENS et d'Élisabeth GOBBAERTS , fille de Simon et d'Élisabeth VAN DEN EYNDE.

Il épousa en secondes noces, à Notre-Dame-Nord , le 4 Février 1708 , devant le Révérend Jean EELKENS , curé à Bar-le-Duc (Dominus Joannes *Eelkens* , utriusque juris Licentiatus, père — Melchior *Buijs*) ; Catherine EELKENS , née à Bois-le-Duc et y baptisée à l'église Sainte-Catherine , le 21 Février 1683 et décédée le 19 Avril 1733 , fille de Jean EELKENS , licencié ès droits , et d'Élisabeth JANSSENS. Elle épousa en secondes noces Maître Herman-Joseph RHEEN [1].

Il eut du premier lit :

1. Marcel qui suit.

2. Élisabeth-Marie-Catherine, baptisée à Saint-Jacques d'Anvers, le 30 Novembre 1705 (Signor Christianus *de Ridder* , aïeul — Demoiselle Marie-Thérèse *de Laet*).

---

[1] Les EELKENS furent anoblis le 25 Mars 1766 , en la personne de Jean-Henri-Joseph EELKENS , grand-aumônier de la ville d'Anvers.

VIII. Marcel WOUTERS, échevin et grand-aumônier de la ville d'Anvers, administrateur de la chapelle du Saint-Sacrement à l'église Notre-Dame.

Baptisé à Saint-Jacques, le 28 Avril 1704 (Signor Marcellus *de Laet* — Demoiselle Anne-Catherine *Wouters*, tante) et décédé le 14 Décembre 1759, il épousa à Notre-Dame-Nord, le 26 Janvier 1727 (Dominus Jordanus *van Herck*, oncle paternel— Dominus Joannes-Henricus *van Uffels*), Demoiselle Anne-Catherine DE BIE, baptisée à la même église, le 28 Mars 1704 et décédée en 1749, sœur de Marie-Joséphine DE BIE qui épousa Jean OSY, seigneur de Zegwaert et de Palesteyn, agent du Grand-Duc de Toscane dans les Provinces-Unies, et de Thérèse-Rose DE BIE qui épousa Godefroid VAN PAEFFENRODE, licencié ès droits, échevin de la ville d'Anvers; fille de Léonard DE BIE, grand-aumônier de la ville d'Anvers, issu des seigneurs de Bréda, et de Thérèse-Rose DE NOLLET, fille de Thomas et de Catherine DE VOS [1].

Il procréa cinq enfants baptisés à Notre-Dame-Sud d'Anvers :

---

[1] La généalogie de la famille DE BIE se trouve dans le Tome I du *Bulletin et Annales de l'Académie d'Archéologie de Belgique*. Les DE BIE s'allièrent aux familles VAN MALE, DE HOLAAR, VAN LIERE, DE MONICK, VAN EYCK, DE KESSEL, VAN OUDENHOVEN, DE QUARIBBE, VAN IMMERSEELE, VAN DAELHEM, DE ROOVER, DE CONINCK, LALECQ, ZYL, VAN DOORNE, VAN WOORT, DE FLEURY, VAN SWIETEN, VAN ASSENDELFT, COMPERIS, GULDEN, DE WINTER, GHEVERS, VAN HAVRE, DE NOLLET, WOUTERS, OSY, VAN PAEFFENRODE, VLOERS, KANNEKENS, ULLENS, VAN EERSEL et DE MOOR.

1. Thérèse-Anne-Catherine, le 10 Janvier 1729 (Dominus Jordanus *van Herck*, grand'oncle — Demoiselle Thérèse-Rose *de Nollet*, veuve de Léonard *de Bie*, grand'mère maternelle), décédée à Anvers, le 23 Août 1779 et enterrée dans l'église de l'abbaye de Saint-Michel, épousa à Notre-Dame-Sud, le 26 Janvier 1755 (Dominus Thomas-Josephus *de Bie* — Dominus Joannes-Franciscus *le Grelle*), Jean-Baptiste NIELES, licencié ès droits, échevin de la ville d'Anvers, y baptisé, à Notre-Dame-Nord, le 30 Octobre 1710 et décédé le 26 Septembre 1764, fils de Nicaise NIELES, grand-aumônier de la ville d'Anvers, et de Jeanne-Marie VAN DER WILLIGEN; petit-fils de Jean-Baptiste et de Marie-Anne VAN OS; arrière-petit fils de Léonard et de Jeanne VAN DER HEIDEN. Il fut anobli avec confirmation de noblesse pour autant qu'il en échoit, avec concession d'une couronne au lieu de bourrelet, par lettres du 11 Juillet 1753.

Les époux NIELES-WOUTERS eurent cinq enfants baptisés à Saint-Georges d'Anvers :

A. Marie-Thérèse NIELES, le 18 Février 1756 (Prænobilis Dominus Marcellus *Wouters* hujus urbis ab Eleemosynis ac Scabinus, grand'père maternel — Demoiselle Marie-Catherine *Nieles)*, décédée le 6 Juillet 1826, épousa à Saint-Georges, le 18 Février 1783, devant son oncle, le Révérend Léonard-François-Joseph WOUTERS, curé à Schilde près d'Anvers (Prænobilis Dominus Antonius-Joannes *Ullens*, toparcha d'Halle, Wyns, Strypen, etc., oncle — Prænobilis Dominus Antonius-Justus-Joseph *Nieles*, frère habitant Ostende), Gaspar-Joseph-Michel ULLENS, né le 28 Septembre 1749 et décédé le

9 Novembre 1810 , fils de François-Godefroid-Joseph ULLENS , seigneur de Ter Strypen , et de Marie-Barbe-Françoise DE KESSCHIETERE , fille de Gaspard et de Jeanne-Isabelle DE WAEL ; petit-fils de Jean-Baptiste ULLENS , écuyer , grand-aumônier d'Anvers , anobli par lettres-patentes du 7 Décembre 1693 , et d'Anne-Claire DE MONT dite DE BRIALMONT.

B. Jean-Baptiste-Antoine-Léonard NIELES , né le 19 et baptisé le 21 Août 1757 (Reverendus Dominus Léonardus-Franciscus-Joseph *Wouters* , sacræ theologiæ baccalaureatus , oncle maternel — Demoiselle Jeanne-Hermanne-Joséphine *Nieles)*.

c. Joseph-Antoine-Pierre NIELES, le 31 Décembre 1758 (Prænobilis Dominus Petrus-Franciscus-Antonius *Wouters*, oncle maternel — Demoiselle Thérèse-Madeleine *Nieles)*.

D. Antoine-Juste-Joseph NIELES , le 9 Juin 1761 (Prænobilis Dominus Justus-Joseph-Angelus *de Bisthoven de Monchy*, oncle maternel — Prænobilis Domicella Clara-Maria-Josephina *Nieles)*.

E. Jean-Antoine-Thomas NIELES , le 11 Mai 1764 (Prænobilis Dominus Thomas-Joseph *de Bie*, consiliarius Montis Pietatis hujus urbis — Prænobilis Domicella Maria-Theresia-Lucia *Wouters* uxor Prænobilis Domini Justi-Josephi-Angeli *de Bisthoven de Monchy*), décédé le 2 Avril 1770.

2. Léonard-François-Joseph , bachelier en théologie et curé à Schilde près d'Anvers, baptisé le 5 Avril 1730 (Dominus Leonardus *van Uffels* — Demoiselle Isabelle-Françoise *Wouters* , grand'tante) et décédé en Octobre 1794.

3. Marcel-Joseph , le 19 Juillet 1731 (Chrétien *Wouters* , grand'oncle — Thérèse *de Bie)*.

4. Pierre-François-Antoine , le 16 Juin 1735 (Pierre *de Man* — Thérèse-Rose *de Bie*, pour Marie-Joséphine *de Bie)* , décédé sans alliance , le 15 Août 1791.

5. Marie-Thérèse-Lucie, le 13 Décembre 1737 (Dominus Paulus *Charlé* — Demoiselle Thérèse-Rose *de Bie)* , décédée à Anvers , le 2 Octobre 1774 et enterrée dans l'église des Annonciades, épousa à Notre-Dame-Nord, le 20 Février 1759 (Reverendus admodum Dominus Ludovicus-Josephus *della Rocca,* presbiter , canonicus insignis Ecclesiæ Divi Jacobi — Dominus Marcellus *Wouters* , quondam ab Eleëmosynis hujus civitatis et Exscabinus, père), Juste-Joseph-Ange DE BISTHOVEN , seigneur de Monchy en Artois , baptisé à Saint-Jacques d'Anvers , le 22 Février 1733, décédé à Bruxelles, le 5 Novembre 1787 et enterré à Sainte-Gudule, fils de Jean-Charles-Joseph DE BISTHOVEN , seigneur de Monchy et de Breetvelde, anobli par lettres du 4 Février 1724 , et d'Isabelle-Françoise DE BENERO , qui était fille de Diego et de Marie-Anne DE RO , et petite-fille de Jean-Baptiste DE BENERO , commissaire des vivres de Sa Majesté , et de N. VAN EYCKE , fille de Jean-Pierre VAN EYCKE, seigneur de Ter Biest , et de Madeleine BATKIN , fille de Charles et de Catherine DE BLOIS-DE TRESLONG ; petit-fils de François DE BISTHOVEN et de Marie-Angélique VAN VALCKENISSE, fille d'André-Eugène VAN VALCKENISSE, seigneur de Bordeghem, secrétaire de la ville d'Anvers et généalogiste très-distingué , et de Jossine-Marie VAN BUEREN , dame de Monchy.

Il épousa en secondes noces, à Pottes près de Tournai, le 23 Mars 1779, Marie-Thérèse-Jeanne-Marguerite Francqué, fille de Jean-François Francqué, seigneur de Rombise, receveur-général du clergé de Hainaut, et de Marie-Anne-Thérèse Pollart.

Les époux de BISTHOVEN-WOUTERS eurent deux enfants baptisés à Saint-Georges d'Anvers :

a. Jean-Népomucène-Juste de BISTHOVEN, né le 18 et baptisé le 20 Mai 1763 (Prænobilis Dominus Joannes-Joseph *de Bisthoven* hujus ecclesiæ ædilis — Prænobilis Domicella Theresia-Anna-Catharina *Wouters* uxor Prænobilis Domini Joannis-Baptistæ *Nieles* hujus civitatis scabini).

b. Reine-Isabelle-Françoise de BISTHOVEN, dame de Monchy, baptisée le 16 Février 1765 (Prænobilis Dominus Petrus-Franciscus-Antonius *Wouters*, oncle maternel — Domicella Isabella-Francisca *de Benero* vidua Domini *de Bisthoven de Breetvelde*, grand'mère paternelle) et décédée à Bruxelles, le 1er Brumaire de l'an XIII (23 Octobre 1804), étant divorcée, épousa à Sainte-Catherine de Bruxelles, le 17 Août 1788, Jean-François-Alexandre VAN NUFFEL, seigneur d'Heynsbroeck, licencié ès lois, auditeur-général pour la Belgique, substitut fiscal, conseiller et président de la Haute Cour Militaire à Utrecht, chevalier de l'Ordre de Léopold, baptisé à Saint-Gery de Bruxelles, le 17 Juin 1766 et décédé à Saint-Josse-ten-Noode, le 25 Juillet 1848, fils de Jean-François VAN NUFFEL, seigneur d'Heynsbroeck, admis au lignage de Caudenberg à Bruxelles, anobli par lettres-patentes du 14 Juillet 1771, et de Jeanne-Catherine-

Françoise VAN CEULEN , sa seconde femme ; petit-fils de Philippe-Josse VAN NUFFEL , seigneur du Chesnoy , admis au même lignage , drossard de la seigneurie de Rymenam , greffier de la Cour Féodale de Malines et de Bautersem , et de Catherine D'ANCRÉ , fille de Charles et de Catherine VAN CAUWENBERCH ; arrière-petit-fils de François VAN NUFFEL , seigneur de Drootbeeck et en Laeken , et de Barde BOSCH d'Anvers , fille de Pierre BOSCH , seigneur de Quabeeck et de Vertryck , et de Catherine DE BAERDEMAEKER.

—

Cinquième Branche.

—

V^{bis}. Jean WOUTERS , fils posthume de Henri et de Martine VAN DER MALE , décéda à Anvers, le 29 Octobre 1635 , dans la maison nommée « *den Blauwen IJshond* , » située dans la rue du cimetière. Il avait acheté cette propriété de son frère André WOUTERS , l'époux de Judith DE WITTE , le 26 Janvier 1615 [1].

Il épousa en premières noces , à Sainte-Walburge d'Anvers , le 25 Janvier 1612 (Paul *van Lare* — Henri *Andriessens*) , Susanne LUCAS *alias* SONDACH , baptisée à la même église , le 16 Juin 1590 , fille de Louis

---

[1] Voir à la page 12 de ce volume.

et de Jeanne VAN DEN ELSPUT. Il épousa en secondes noces Jeanne LE FEBURE *alias* JORIS qui, veuve, revendit le 28 Février 1636, au prix de deux mille florins, la propriété précitée.

Il eut du premier lit trois enfants baptisés à Notre-Dame-Sud d'Anvers et placés sous la tutelle de Jean LUCAS et de Jacques LE CAEN :

1. Anne, le 19 Mai 1613 (Arnold *Soolmaker* — Barbe *Ribaldi*), morte jeune.

2. Jean, le 21 Juillet 1615 (Barthélemi *Venesoen* — Adrienne *van Hertsroij*).

3. Henri, le 18 Janvier 1622 (Signor Henri *van den Stock*, trésorier d'Anvers — Marie *Plisson*).

Il eut du deuxième lit quatre enfants également baptisés à Notre-Dame-Sud et dont les tuteurs furent Vincent LE PIN et Jan DE SCHOT :

4. Martine, le 9 Novembre 1628 (Vincent *le Pin* — Gertrude *le Pin*), épousa à Notre-Dame-Sud, le 24 Juillet 1655 (Jacques *Peeters*, père — Henri *Vierpijl)*, Daniel PEETERS, artiste-sculpteur, baptisé à la même église, le 2 Novembre 1631, reçu comme franc-maître dans la Gilde de Saint-Luc en 1651—1652 et décédé à Anvers en 1666—1667, fils de Jacques et de Martine DE BOT et petit-fils de Jacques et d'Élisabeth HARDIERS.

Ils eurent cinq enfants baptisés à Notre-Dame-Sud :

A. Martine PEETERS, le 7 Juillet 1656 (Jacques *Peeters*, grand'père — Jeanne *le Febure*, grand'mère maternelle), épousa à Notre-Dame-Sud, le 6 Mai 1679 (Jean-Baptiste *van Fales*, capitaine de la garde bourgeoise d'Anvers — Jean *van den Berghe)*, Laurent

Van den BERGHE , décédé au mois d'Août 1683 , veuf en premières noces de Martine de Swaene. Elle épousa en secondes noces, à la même église, le 26 Février 1684 (Jacques *Peeters*, oncle — Ferdinand *Lambrechts*), Pierre HEYLIGHER , baptisé à Notre-Dame-Sud , le 21 Mars 1657 , fils de Jean-Baptiste et d'Anne Dielis.

B. Jeanne-Marie PEETERS , le 26 Septembre 1658 (Jean *de Schot*, cousin [1] — Marie-Anne *le Felon*, épouse de Jean Knijff) , épousa à Notre-Dame-Sud , le 6 Décembre 1692 (Pierre *Schoonjans* — Pierre *Heyligher*, beau-frère) , Jacques HELLAERT , décédé le 16 Mars 1729 , veuf en premières noces de Justine Schoonjans.

C. Jacques-Balthasar PEETERS , le 6 Janvier 1661 (Jacques *de Bot* — Élisabeth *Peeters*).

D. Constance PEETERS , le 26 Février 1663 (Antoine *Muijs* — Constance *Wouters*, tante maternelle).

E. Marie PEETERS , le 30 Novembre 1664 (Théodore *Pinceeel* — Marie *Huijsmans*).

5. Constance , le 6 Juillet 1631 (Conrard *de Witte*, maître de la grue de la ville d'Anvers — Marie *Vincent*), épousa à Notre-Dame-Sud , le 23 Août 1661 (Jacques *Peeters*, père — Henri *Vierpijl)*, Jacques PEETERS , artiste-graveur au burin , baptisé à la même église , le 28 Novembre 1637 , reçu comme franc-maître dans

---

[1] Demoiselle Marie de Schot, fille de François de Schot, seigneur de Bautersem, Contich et Waarloos, aumônier d'Anvers, et d'Anne Bosschaert , épousa Paul Peeters *alias* van Diest.

la Gilde de Saint-Luc en 1660 et décédé en 1695—1696, frère de Daniel ci-haut. Il grava une suite de dix planches du siège de Vienne et plusieurs pièces d'après RUBENS.

Ils eurent sept enfants baptisés à Notre-Dame-Sud :

A. Jacques PEETERS , artiste-peintre d'intérieurs d'églises et de salons, dans la manière de Pierre NEEFFS. Baptisé le 30 Octobre 1662 (Jacques *Peeters* senior, grand'père — Jeanne *le Febure* , grand'mère maternelle), il fut reçu comme fils de maître dans la Gilde de Saint-Luc en 1675—1676 , élève de Pierre VAN DE VELDE. Admis en 1688—1689 comme franc-maître, il fut doyen de la Gilde en 1695. Ses principaux élèves furent Rombaut BACX , Jean-Baptiste VAN ISSCHOT , Jean-Charles VIERPIJL et Nicolas GILLIS.

B. Conrard PEETERS, le 3 Septembre 1665 (Conrard *de Witte* — Élisabeth *de Weert*).

C. Jeanne-Marie PEETERS , le 25 Septembre 1667 (Corneille *van der Wee* — Martine *Wouters*, tante maternelle).

D. Jean PEETERS , le 25 Octobre 1668 (Jean *Nagels* — Martine *Peeters* , cousine-germaine).

E. Dominique PEETERS , le 5 Août 1670 (Simon *Vierpijl* — Élisabeth *Peeters*).

F. Catherine PEETERS , le 17 Novembre 1671 (Corneille *de Vos* — Catherine *Vierpijl)*, épousa à Notre-Dame-Sud , le 28 Août 1696 (Jacques-Balthasar *Peeters*, cousin-germain — Jean *Ondermerck*), François-Bernard COLLIJNS.

G. Marie-Constance PEETERS , le 26 Janvier 1674 (Henri *Steenecruijs* — Livine *de Menin*).

6. Jacques, le 27 Août 1634 (Jacques *le Francq* — Cornélie *de Schot*), mort jeune.

7. Antoine, le 15 Janvier 1636 (Antoine *Plisson* — Élisabeth *Mahet*).

—

Sixième Branche.

—

VIbis. Chrétien WOUTERS, licencié ès droits, avocat au Conseil Souverain de Brabant, fils de Dominique et d'Antoinette VAN CAVERSON.

Baptisé à Sainte-Gudule de Bruxelles, le 6 Février 1638 (Chrétien *Aelst*, oncle paternel — Barbe *van Caverson* épouse de Henri *le Mire*, tante maternelle), y décédé le 1 Février 1706 et enterré dans l'église des Dominicains, il épousa à Saint-Géry de Bruxelles, le 22 Septembre 1676 (Reverendus Dominus Guilielmus *van Dormael* — Lambert *van Nyverseel*), Marguerite VAN NYVERSEEL, baptisée à Sainte-Catherine de Bruxelles, le 24 Mars 1651 et décédée sans lui avoir donné d'enfants, fille de Denis et de Marguerite LANOIS [1].

Après la mort de son épouse, Chrétien WOUTERS fit légitimer par lettres du Conseil Souverain de Brabant, en date du 13 Juillet 1686, un fils qu'il avait eu illégitimement de Jeanne-Marie VAN NO, décédée à

______

[1] La famille VAN NYVERSEEL avait son château à Dilbeek, non loin de Bruxelles.

Anvers , le 15 Août 1683, sœur de Jérôme VAN NO , notaire et de Pierre VAN NO , procureur à Anvers, administrateur de la chapelle du Saint-Sacrement à l'église Notre-Dame, qui épousa Anne-Élisabeth PISCILLA [1].

Le 16 Août de l'année 1686 , fut inséré dans les registres des baptêmes de la paroisse de Notre-Dame de la Chapelle à Bruxelles, l'acte suivant : *Christianus Petrus , filius legitimus Domini Christiani* WOU-TERS , *advocati , et Domicellæ Joannæ Mariæ* VAN NO. *Dico legitimus , quia per litteras Senatus Brabantiæ datas 13 Julij hujus anni in forma legitimatus est* ; *dum sub conditione et non aliter baptisaretur , dictum fuit , quod post valde diligentem inquisitionem , Antverpiæ loci natalis 13 mensis Maij 1671 , factam reperiri nequirit in qua parochia dictæ urbis baptisatus esset. Susceptores Dominus Petrus* VAN No *et Domicella Elisabetha* DE ROOVERE.

Il eut donc :

Chrétien-Pierre qui suit [2].

---

[1] Les VAN NO avaient des biens à Gand.

[2] Op heden den sesthienden Januarij sesthien hondert seven en t'negentich comparerende , den heere ende meester Christianus WOUTERS , Licentiaet in de rechten , ende Advocaet van den Souverainen Raede van Brabant , den welcken heeft verclaert ende bekent soo hij doet bij desen te authoriseren ende te consenteren dat Sʳ. Christianus Petrus WOUTERS sijnen sone mits sijne minderjarigheijt sal mogen lichten bij alsulcken persoon ofte persoonen als hij sal connen becomen de somme van achthondert rinsguldens eens wisselgeldt ende daer voore te verbinden ende affecteren tot asseurantie vande selve op te lichtene penningen seecker Rente van twee duijsent guldens

VII. Chrétien-Pierre WOUTERS , grand-aumônier de la ville d'Anvers et marguillier de l'église Saint-Jacques, administrateur de la chapelle de la Vierge à l'église Notre-Dame.

Né à Anvers, le 13 Mai 1671, baptisé sous condition, à Notre-Dame de la Chapelle à Bruxelles, le 16 Août 1686 (Dominus Petrus *van No*, oncle maternel — Demoiselle Élisabeth *de Roovere*), décédé à Anvers, le 3 Février 1736 et inhumé à l'église Saint-Jacques, le 5 du même mois, il épousa dans la même ville, en premières noces, à Saint-André, le 25 Septembre

---

capitaels bepandt op deze Stadts middelen van Brussele ende naementlijck op de Bandtmolens staende te Boeck N° 16/60. Welcke voorschreve Rente den voorschreven heere comparant aen sijnen voorschreven sone heeft overgegeven ende gecedeert in conformiteijt van sceeckeren accoorde aengegaen met S^r. Hieronimus VAN No ende S^r. Peeter VAN No , insgelijcx notaris ende procureur tot Antwerpen als ooms ende momboirs over den selven sijnen sone bij hem geprocreëert met Jo^e. Joanna Maria VAN No hunne sustere volgens den Brieve daer van sijnde gepasseert voor heeren schepenen deser stadt de date des vierthienden Meert sesthien hondert sessentachentich onderteeckent VAN OVEL ende geannoteert den vierden Aprilis daernaer onderteeckent J. B. CUIJERMANS, constituerende voorts onwederroepelijck mits desen alle thoonders deser, om t'gene voorschreven voor alle Heeren, Hoven, Wetthen ende Gerichten, wettelijck te herkennen ende vernieuwen ende voorts meer, alwaert oock sij, belovende ende verbindende, ut in communi forma. Actum Bruxellis coram Adam RIJNAERT ende Herman STEVENS testibus requisitis, ende was onderteeckent : Christianus . WOUTERS, onderstondt : et me notario quod attestor, ende was onderteeckent G. V. BORCHT not^s.

Accordeert met de minute quod attestor.

J. L. DULIEU , Notaris generael.

22 Martij 1775.

1700 (François-Paul *Bacheler* — Pierre *van No*, oncle maternel), Susanne-Jacqueline LUYCKX, baptisée à Notre-Dame-Sud d'Anvers, le 21 Novembre 1679, fille d'Adolphe-Antoine et de Sara VAN UCKELROIJ.

Il épousa en secondes noces, le 6 Octobre 1702, Jeanne-Isabelle HOPPENBROUWER, y baptisée à Notre-Dame-Nord, le 17 Avril 1683, décédée le 5 Mars 1717 et inhumée à Saint-Jacques, fille de Guillaume et de Marie-Anne PLISSON qui était veuve en premières noces de Jean-Louis LEYS *alias* LIS, fille de Gaspard PLISSON et de Marie DE KOCK et petite-fille d'Antoine PLISSON et de Marie POTTEAU [1].

Il épousa en troisièmes noces, à Notre-Dame-Nord, le 18 Mars 1718 (Pierre *van No*, oncle maternel — Augustin *Verrassen*), Claire-Jacqueline HOOMIS, baptisée à Saint-Jacques d'Anvers, le 22 Mai 1684, décédée le 6 Novembre 1762 et enterrée le lendemain près de son mari, fille de Jacques HOOMIS, prévôt de la Monnaie à Anvers, et d'Anne-Marie HASSINCK, sa seconde femme, qui était fille de Roland et d'Anne HAECX, sa troisième femme, fille de Guillaume HAECX et d'Anne MEYS, sa seconde femme, et petite-fille de David HAECX et d'Anne BOEL, sa seconde femme; elle était petite-fille d'Abel HOOMIS et de Marie GRILLENS et arrière-petite-fille de Jacques et de Susanne SOHY, fille de

---

[1] Les HOPPENBROUWER d'Anvers, de Merxem et de Bruxelles s'allièrent aux familles VAN DEN TOREN, STERCK, DE PEREDA, VALCKX, DE WINTER, VAN DER PLANCKEN, PLISSON, VAN SANDEN, DE GRACE, BOELS, WOUTERS et VAN AELST.

Jean SOHY, monnayeur à Anvers, et petit-fils de Daniel SOHY de Gosselies. Elle était sœur d'Anne-Catherine HOOMIS qui épousa Nicolas COBBE, licencié ès droits et avocat; de Georges-Jacques HOOMIS qui épousa Isabelle-Jacqueline DE VOS des DE VOS-VAN HAMME ; de Pierre-Joseph HOOMIS qui épousa Jacqueline-Christine VAN HORNE [1].

Chrétien-Pierre WOUTERS git à Saint-Jacques avec ses deux dernières femmes :

D. O. M.

MONUMENTUM

CHRISTIANI P^{ri} WOUTERS HUJUS

ECCLESIÆ ÆDITUI NEC NON ELEEMOSYNARII

ET

ISABELLÆ HOPPENBROUWER

AC CLARÆ JAC^æ HOOMIS

UXORUM

OBIIT ILLE 3 FEB^r. 1736

ILLA VERO 5 MARTII 1717

HÆC VERO 6 NOV^r. 1762

ET SUORUM

R. I. P [2].

Il eut du premier lit :

---

[1] Les HOOMIS s'allièrent aux familles SOHY, VAN HILLEGEERT, GIJSENS, JANSSENS, BOSMANS, CLAUS, VAN SCHOOR, GRILLENS, VAN MOLLE, HASSINCK, COBBE, DE VOS, VAN HORNE, WOUTERS, WITTEBOL et VAN ERTBORN.

[2] *Inscriptions Funéraires et Monumentales de la province d'Anvers*. T. II. p. 155.

1. Chrétien-François, baptisé à Notre-Dame-Nord d'Anvers, le 4 Juillet 1701 (François-Paul *Bacheler*, pour Chrétien *Wouters*, grand'père — Sara *van Uckelroÿ*, grand'mère maternelle), décédé sans alliance.

Il eut du deuxième lit neuf enfants baptisés à Anvers :

2. Isabelle-Marie, à Notre-Dame-Nord, le 17 Juin 1703 (Melchior *Buijs* pour Pierre *van No*, grand'oncle paternel — Marie *Leys*), morte jeune.

3. Marie-Anne, le même jour (Melchior *Buijs*, pour Pierre *Leys* — Marie *Leys* pour Anne-Élisabeth *Piscilla*, femme de Pierre *van No*, grand'tante maternelle), morte jeune.

4. Chrétien-Pierre, à Notre-Dame-Nord, le 14 Mai 1704 (Chrétien *Wouters*, grand'père, remplacé par Pierre *van No*, grand'oncle paternel — Marie-Anne *Plisson*, grand'mère maternelle), mort jeune.

5. Pierre, échevin et grand-aumônier de la ville d'Anvers, administrateur de la chapelle de la Vierge à l'église Notre-Dame.

Baptisé à Saint-Jacques, le 29 Septembre 1705 (Pierre *van No* — Marie-Élisabeth *Leys*) et décédé le 26 Février 1772, il épousa à Saint-André d'Anvers, le 29 Janvier 1735 (Melchior *Pieterssens*, père — Chrétien-Pierre *Wouters*, père), Demoiselle Jeanne-Rebecca PIETERSSENS, baptisée à Notre-Dame-Sud d'Anvers, le 12 Novembre 1707, fille de Melchior PIETERSSENS, marguillier de l'église Saint-André, et de Jeanne-Catherine DE VOS qui était sœur de François-Xavier-Paul DE VOS, seigneur de Hamme, et fille de Nicolas DE Vos, grand-aumônier de la ville d'Anvers, et de Marie-

Susanne Gillebert , sa seconde femme ; petite-fille de Bauduin Pieterssens et de Catherine Michielsens , fille de David et de Marie de Backer ; arrière-petite-fille de Bauduin et de Gertrude Schevers.

Ils eurent six enfants baptisés à Saint-Jacques d'Anvers :

A. Jeanne-Rebecca , le 18 Janvier 1736 (Dominus Christianus-Petrus *Wouters* , grand'père , cujus nomine Dominus Melchior *Pieterssens* , grand'père maternel — Demoiselle Jeanne-Catherine *de Vos* , grand'mère maternelle).

B. Pierre-Melchior , le 26 Septembre 1737 (Dominus Melchior *Pieterssens* Ecclesiæ Divi Andreæ Edilis , grand'père maternel — Dame Claire-Jacqueline *Hoomis* , grand'mère paternelle.

C. Marie-Anne , le 17 Décembre 1738 (Dominus Nicolaus-Melchior *Pieterssens* , oncle maternel , qui stetit loco Melchioris *Pieterssens* , Edilis Ecclesiæ parochialis Sancti Andreæ — Dame Marie-Anne *Wouters* , tante) et décédée sans alliance , le 11 Avril 1770.

D. Claire-Joséphine , le 13 Juin 1741 (Dominus Christianus-Joseph *Wouters* , oncle — Dame Claire-Marie-Jeanne *Pieterssens* , fille dévote , tante).

E. Pierre-Jacques-Chrétien , le 11 Juin 1743 (Dominus Jacobus-Hyacinthus *Wouters* , oncle — Demoiselle Joséphine-Marie *Pieterssens* , tante).

F. François-Pierre , théologien et prêtre , baptisé le 15 Octobre 1748 (Dominus Franciscus-Jacobus *de Liagre* , juris utriusque Licentiatus , oncle paternel — Demoiselle Marie-Susanne *Pieterssens* , tante).

6. Anne-Isabelle , à Saint-Jacques , le 3 Avril 1707

(Dominus Petrus *Leys* — Demoiselle Anne *Piscilla*, grand'tante paternelle), décédée sans alliance.

7. Isabelle-Marie-Joséphine, religieuse-ursuline à Anvers, baptisée à Saint-Jacques, le 29 Mars 1708 (Jean-Baptiste *Bom* — Demoiselle Isabelle *Charlé*), décédée le 24 Avril 1764. Elle avait fait profession au couvent des Ursulines d'Anvers, le 18 Août 1730 et avait reçu le nom de sœur Marie-Christine-Joseph de l'Enfant Jésus.

8. Chrétien-Pierre, à Saint-Jacques, le 11 Décembre 1709 (Dominus Petrus *Leys* — Demoiselle Élisabeth *Piscilla*), mort sans alliance.

9. Marie-Anne, à Saint-Jacques, le 8 Octobre 1711 (Pierre *van No*, grand'oncle paternel — Demoiselle Isabelle *Charlé*) et décédée à Bruxelles, le 11 Juin 1783, épousa à Saint-Jacques d'Anvers, le 22 Octobre 1735 (Jacques *de Liagre*, père — Chrétien-Pierre *Wouters*, père), François-Jacques DE LIAGRE, licencié ès droits, avocat au Conseil Souverain de Brabant, conseiller-assesseur du Mont-de-Piété, baptisé à Saint-Nicolas de Bruxelles, le 13 Décembre 1696, décédé à sa campagne d'Evere, près de la porte de Schaerbeek, le 15 Septembre 1769, et inhumé le 18 du même mois, devant le milieu du chœur de l'église paroissiale de Saint-Vincent à Evere [1], fils de Jacques DE LIAGRE, marguillier de l'église

---

[1] Ce jourd'hui dix huit novembre mille sept cent septante quatre pardevant moi Nicolas VAN CAUWELAERT Notaire admis au Conseil Souverain de Brabant de résidence en la ville de Bruxelles et en présence des témoins soussignés comparut demoiselle Marie Anne WOUTERS veuve de Monsieur François

PL. V.

DE MAN.
(p. 63.)

DE LAET.
(p. 69.)

EELKENS.
(p. 69.)

DE BIE.
(p. 70.)

NIELES.
(p. 71.)

DE BISTHOVEN.
(p. 73.)

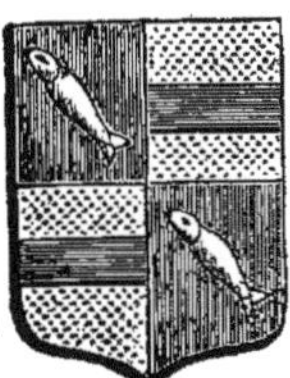

VAN NYVERSEEL.
(p. 79.)

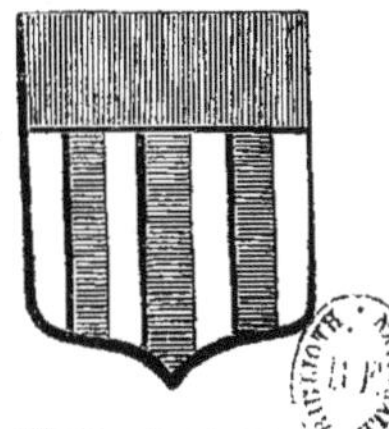

HOPPENBROUWER.
(p. 82.)

DE LIAGRE (nouveau).
(p. 86.)

Saint-Nicolas à Bruxelles, et de Cornélie-Françoise THIELENS, fille de Michel et de Marguerite BOSCHMANS qui était fille de François et d'Adrienne VAN HOOREBEKE; petit-fils de Victor DE LIAGRE et de Jeanne MALFAIT, qui était fille de Gaspard MALFAIT, échevin et bailli de Tourcoing; et sœur de Ferdinand MALFAIT, doyen et curé à Néchin, et de Roger MALFAIT, chanoine de Comines. Victor DE LIAGRE était fils de Calixte et de Marie VAN DEN KERCKHOVE; petit-fils et arrière-petit-fils de Jean et de Calixte DE LIAGRE, hommes de fief de la seigneurie de Mouscron [1].

Jacques DE LIAGRE en son vivant avocat audit Conseil, laquelle nous a dit et déclaré de commettre et constituer comme elle fait par les présentes à l'effet de retirer des mains de Monsieur MALATIRÉ, receveur des Bois de Sa Majesté très chrétienne en la ville de Lille en Flandre, tous les papiers concernant une rente héréditaire de cinquante six livres quatre sols et dix deniers monnoie de France constituée à charge des Domaines et de la ville et district d'Arras quotée N°. 59, avec pouvoir audit constitué de recevoir sous sa quittance les intérêts ou arriérages de la dite rente et donner les décharges valables et au cas où il serait requis aux effets susdits un mandat plus ample ou spécial la comparante le tient ici pour insérer le tout sous promesse et obligation que de droit en forme.

Ainsi fait et passé en la ville de Bruxelles les jour, mois et an que dessus en présence des sieurs Pierre BOUSIFET et Jean Baptiste HEYLEN témoins à ce requis, étant la minute de cette munie d'un scel de douze sols, signée par la comparante, témoins et de moi Notaire.

Quod attestor
N. VAN CAUWELAERT, not^s.

[1] Les DE LIAGRE de la branche de Reckem à laquelle appartient François-Jacques DE LIAGRE, s'allièrent aux familles CASTIEL, DU MOULIN, DE LE PORTE, VAN DEN BERGHE, VIANE, VAN DEN

Ils eurent seize enfants baptisés à l'église Saint-Nicolas de Bruxelles :

A. Jacques DE LIAGRE, le 12 Août 1736 (Dominus Jacobus *de Liagre*, marguillier de l'église Saint-Nicolas, grand'père — Gudule *van der Schueren*, tante paternelle, pour Claire-Jacqueline *Hoomis*, troisième femme de Chrétien-Pierre *Wouters*, grand'père), décédé à Bruxelles, le 7 Avril 1739 et inhumé dans l'église Saint-Nicolas.

B. Pierre-François DE LIAGRE, né le 12 et baptisé le 13 Octobre 1737 (Reverendus Dominus Eugenius *Brabant*, desservant de la paroisse — Pierre *Wouters*, échevin et grand-aumônier d'Anvers, oncle — Cornélie *van Halewijck*, tante paternelle), décédé à Bruxelles, le 8 Décembre 1745 et inhumé dans la même église.

C. Marie-Thérèse DE LIAGRE, le 18 Avril 1739 (Dominus Jacobus *de Liagre*, hujus ecclesiæ ædituus, grand'père — Isabella-Victoria *Wynants* vidua Consultissimi Domini Guilielmi-Antonii *Charliers*, nomine Domicellæ Joannæ-Theresiæ *Wouters*, tante), décédée à Bruxelles, le 21 Avril 1741 et inhumée dans la même église.

D. Joseph-François DE LIAGRE, patricien de Bruxelles, administrateur des couvents des Riches-Claires, des Domi-

---

KERCKHOVE, MALFAIT, THIELENS, WOUTERS, TRIGAUX-DE MARNEFFE, VAN LANGHENHOVEN, STEVENS, DE SCHEPPERE, VERSCHUYLEN, VAN MINDERHOUT, VAN DEN BERGHE-DE BREZON, CUYLITS, BUELENS, LESIGARENS, GENSSE, WICH, GODSDEEL, POTIER-DE MANCOURT, BÖHL, KÜSTNER, HABICH, PRELL, SAMSON, JANSSENS, DUREUIL, RYCKX et MARTIN-DE MORESTEL.

nicains et des Falcons à Anvers, admis dans le lignage de 'T Serhuyghs à Bruxelles, après avoir reçu de l'impératrice Marie-Thérèse des lettres de réhabilitation.

Baptisé le 24 Février 1740 (Dominus Jacobus *de Liagre* ecclesiæ nostræ ædituus, nomine Christiani-Josephi *Wouters*, oncle — Domicella Cornelia-Francisca *Schiets* nomine Domicellæ Rebeccæ *Pieterssens* uxoris Domini Petri *Wouters* urbis Antverpiensis Eleemosynarii, tante), il mourut à Anvers, le 27 Septembre 1814.

Il épousa en premières noces, à Saint-Jacques d'Anvers, le 19 Décembre 1772 (Dominus-Franciscus Guilielmus *le Grelle*, consiliarius et graphæus hujus urbis, beau-frère — Dominus Jacobus-Christianus *de Liagre*, advocatus in Supremo Concilio Brabantiæ, frère), Anne-Catherine VERSCHUYLEN, baptisée à Notre-Dame-Sud d'Anvers, le 6 Mars 1740 et décédée le 7 Septembre 1779, sœur de Constance qui épousa Jean-Pierre Vermanden, grand'aumônier d'Anvers, et d'Isabelle-Servanda-Rebecca qui épousa François-Guillaume *le Grelle*, conseiller et greffier de la ville d'Anvers ; fille de Henri-Martin et d'Élisabeth-Marie Lis *alias* Leys, sa seconde femme, qui était fille de Pierre et d'Élisabeth Charlé, fille de Melchior et de Catherine de Vos des de Vos-de Hamme.

Il épousa en secondes noces, à Notre-Dame-Nord d'Anvers, le 12 Juin 1781 (Dominus Jacobus-Christianus *de Liagre* Bruxellensis, frère — Dominus Josephus-Theodorus-Jacobus *Verschuylen*, frère), Constance-Servanda-Rita-Françoise VERSCHUYLEN, baptisée à Notre-Dame-Sud, le 16 Août 1739 et décédée à Anvers, le 26 Avril 1785, fille de Jacques et de Servanda-Rita-

Rosa DE KIRWAN de Porto-Santa-Maria en Espagne ; petite-fille de Jean et d'Anne RYCKAERT, qui était fille de Jacques et de Marie VAN ESPELGHEM.

Il épousa en troisièmes noces, à Saint-Jacques d'Anvers, le 30 Août 1785, devant le Révérend Édouard-François VAN MINDERHOUT, prêtre et licencié en théologie, frère de la future (Dominus Carolus-Joseph *de Liagre* advocatus in Concilio Brabantiæ, habitans Bruxellis, frère — Guilielmus *Bremers*), Jeanne-Marie-Françoise VAN MINDERHOUT, baptisée à Saint-Georges d'Anvers, le 8 Novembre 1757 et y décédée le 25 Janvier 1837, fille de Guillaume-Henri VAN MINDERHOUT, directeur du *Houten en Steenen Eeckhof* de la ville d'Anvers, et de Jeanne-Marie-Françoise LEPPENS, sa seconde femme, fille de Jean et de Pétronille DIERICKXSENS.

E. Isabelle-Victoire DE LIAGRE, le 5 Février 1741 (Clarissimus Dominus Henricus *de Mariage*, docteur en médecine — Domicella Isabella-Victoria *Wynants* vidua Consultissimi Domini Guilielmi-Antonii *Charliers*), décédée le 20 Mai de la même année et inhumée dans l'église Saint-Nicolas.

F. Jacques-Chrétien DE LIAGRE, avocat au Conseil Souverain de Brabant, directeur des taxes municipales de Bruxelles et du poids de la même ville, greffier de Erps, Savethem, etc., etc.

Baptisé le 1 Février 1742 (Dominus Jacobus *de Liagre*, grand'père — Domicella Isabella-Victoria *Wynants* vidua Consultissimi Domini Guilielmi-Antonii *Charliers*), et décédé à Bruxelles, le 16 Octobre 1818, il épousa dans la chapelle privée du château de la famille WALCKIERS-DE

Tronchiennes, sous Schaerbeek, le 24 Avril 1775, devant le Révérend Laurent Trigaux (Ferdinand *de Liagre*, frère — Charles-Joseph *de Liagre*, frère), Monique-Agnès Trigaux-de Marneffe, baptisée à Saint-Jacques de Bruxelles, le 1 Décembre 1751 et y décédée le 4 Septembre 1830, fille de Jean-Philippe et d'Anne Berchamps ; petite-fille de Jean-Baptiste Trigaux, reçu bourgeois de Bruxelles, le 7 Mai 1716, et de Marie-Claire Gailliot ; arrière-petite-fille de Jérôme Trigaux de Jolimetz (nord) et d'Élisabeth Carpentier.

g. Charles-Jacques de LIAGRE, né le 12 et baptisé le 13 Décembre 1742 (Dominus Jacobus *de Liagre*, grand'père — Domicella Anna-Rebecca *Lis*), décédé le 23 Janvier de l'année suivante et inhumé dans l'église Saint-Nicolas.

h. Jean-Baptiste-Joseph de LIAGRE, le 16 Octobre 1743 (Dominus Jacobus *de Liagre*, grand'père — Domicella Isabella *Ververs* vidua Domini Henrici *Bevers*), décédé le 5 Décembre de la même année et inhumé dans la même église.

i. Charles-Alexandre de LIAGRE, le 22 Août 1744 (Dominus Joannes *Schwarts* nomine Domini Jacobi *de Liagre* æditui ecclesiæ nostræ, grand'père — Domicella Maria-Theresia-Carola *van Volcxem* uxor Domini Michaëlis *Schwarts*), décédé le 30 du même mois et inhumé dans la même église.

j. Jean-Chrétien-Michel de LIAGRE, le 30 Septembre 1745 (Dominus Christianus-Josephus *Wouters*. oncle — Prænobilis Domicella Joanna-Clara *Pycke*).

k. Ferdinand de LIAGRE, le 14 Décembre 1746 (Domi

nus Jacobus *de Liagre*, grand'père — Domicella Cornelia-Francisca *van Halewyck*), décédé sans alliance, le 18 Août 1794.

L. Charles-Joseph DE LIAGRE, patricien de Bruxelles, avocat au Conseil Souverain de Brabant, greffier du comté d'Erps et Quarebbe, de la baronnie de Savethem, des seigneuries de Sterrebeke et de Mosseghem et du marquisat de Grand-Bigard ; greffier de la Chambre Souveraine de Ton-lieu de Sa Majesté dans le Quartier de Bruxelles ; membre du Conseil Municipal et de la Régence de la même ville ; président de la Section des Finances ; membre de la Chambre de Commerce; administrateur des Hospices-Civils ; membre du Conseil-Général de Sous-Préfecture ; juge de paix et juge au Tribunal de Commerce ; co-fondateur du Grand-Hospice des Vieillards fondé en 1826 ; officier secondaire de la Royale Loge de la Candeur à l'Orient de Bruxelles ; admis au lignage de 'T SERHUYGHS en 1777.

Baptisé le 25 Janvier 1748 (Dominus Jacobus *de Liagre*, grand'père — Domicella Pétronilla-Josepha *Bevers*), décédé à Bruxelles, le 2 Septembre 1834 et inhumé dans l'église de Droogenbosch (Brabant), où il avait sa maison de campagne, il épousa à Saint-Géry de Bruxelles, le 13 Octobre 1778 (Dominus Joannes-Dominicus *van Langhenhoven*, frère — Laurent *Trigaux*), Marie-Jeanne-Barbe VAN LANGHENHOVEN, baptisée à Sainte-Gudule, le 11 Avril 1753 et décédée à Bruxelles, le 25 Mars 1782, fille de Jean-Baptiste et de Marie DE PROOST; petit-fils de Josse VAN LANGHENHOVEN de Hal, reçu bourgeois de Termonde en 1694, et de Catherine VAN

DEN BRANDEN, sœur de Jean VAN DEN BRANDEN, échevin de Termonde, et de Marie qui épousa Josse WALCKIERS, écuyer. Josse VAN LANGHENHOVEN était frère de Marie-Marguerite qui épousa Corneille WALCKIERS, seigneur d'Oostwinke, conseiller de l'Empereur, receveur-général des Flandres, anobli par lettres patentes du 10 Janvier 1727.

Elle était sœur de Marie-Jeanne-Joséphine VAN LANGHEN-HOVEN qui épousa Joseph INGELBERTS, avocat au Conseil Souverain de Brabant; d'Élisabeth-Catherine-Thérèse qui épousa Alexandre-Philippe-Josse VAN NUFFEL, seigneur de Duynen, anobli par lettres patentes du 14 Juillet 1771; et de Henri-Joseph VAN LANGHENHOVEN, licencié ès droits, avocat, président de la Société des Sciences, Commerce et Agriculture du département de la Dyle, président du Conseil Municipal et maire de la ville de Bruxelles, chevalier de la Légion d'Honneur.

M. Marie-Anne DE LIAGRE, le 7 Mai 1749 (Dominus Joannes-Ludovicus *Lis* — Domicella Maria-Anna *Bevers*), décédée le 13 Septembre 1791, épousa à Saint-Nicolas de Bruxelles, le 27 Janvier 1781 (Josephus-Franciscus *de Liagre* habitans Antverpiæ in Sancti Jacobi, frère — Jacobus-Christianus *de Liagre*, frère), Louis-Benoit-Ferdinand DE SCHEPPERE, official de la Cour des Comptes de Sa Majesté, baptisé à Sainte-Gudule, le 24 Avril 1752, décédé à Bruxelles, le 17 Avril 1812, fils de Henri-Louis-François DE SCHEPPERE, licencié en médecine de l'Université de Montpellier et de celle de Louvain, médecin-consultant de Son Altesse Royale, etc., et de Dame Marie-Anne DE BURBURE; petit-fils de Louis-François et d'Anne-Thérèse HOVERLANT;

arrière-petit-fils de Pierre et de Marie DE RODERE. Il épousa en secondes noces Bernardine-Livine VAN CROM-BRUGGHE de Gand.

N. Anne-Marie-Rose DE LIAGRE, le 30 Août 1750 (Reverendus Dominus Jacobus *Schiets* ecclesiæ colle-giatæ Divi Petri Lutosæ canonicus, oncle — Domina Anna-Maria *Thielens* vidua Domini *Steenmetsers*, cousine), décédée à Bruxelles, le 3 Octobre 1751 et inhumée dans l'église Saint-Nicolas.

O. Albert-Éloi DE LIAGRE, le 25 Juin 1752 (Joseph-François *de Liagre*, frère — Isabelle *Charliers* pour Isabelle *Coget*, épouse de Chrétien-Joseph *Wouters*, tante), décédé à Bruxelles, le 17 Août 1758 et inhumé dans la même église.

P. Jeanne-Thérèse-Marie DE LIAGRE, le 7 Décembre 1753 (Dominus Josephus-Franciscus *de Liagre*, frère, nomine Domini Petri *de Cocquiel*, oncle maternel — Domicella Anna-Maria *de Mariage*), décédée à Bruxelles, le 25 Septembre 1761 et inhumée dans la même église [1].

10. Guillaume-Pierre, à Saint-Jacques, le 14 Août 1715 (Dominus Petrus *van No*, grand'oncle paternel — Demoiselle Marie-Anne *Bom*), décédé sans alliance.

Chrétien-Pierre WOUTERS eut de Claire-Jacqueline HOOMIS, sa troisième femme, six enfants baptisés à Anvers :

11. Pierre-Joseph, à Saint-Jacques, le 20 Mars 1719

---

[1] A. GOOVAERTS. Généalogie de la famille DE LIAGRE. Anvers. 1878.

(Dominus Petrus *van No* — Demoiselle Isabelle-Jacqueline *de Vos*, épouse de Georges-Jacques *Hoomis*,
tante maternelle, pour Demoiselle Marie-Anne *Hassinck*),
mort jeune.

12. Chrétien-Joseph qui suit.

13. Henri-Jacques, à Saint-Jacques, le 16 Juin 1721
(Dominus Joannes-Henricus *van Uffels* — Demoiselle
Jacqueline-Christine *van Horne*, épouse de Pierre-Joseph
Hoomis, tante-maternelle), mort jeune.

14. Jeanne-Thérèse, à Saint-Jacques, le 2 Juin 1723
(Dominus Joannes-Nicolaus *van Kessel*, secretarius
Lyræ — Demoiselle Isabelle-Marie-Joséphine *Wouters*,
sœur) et décédée à Bordeaux, le 17 Août 1793, épousa
à Notre-Dame-Nord d'Anvers, le 28 Avril 1744 (Dominus
Petrus *Wouters*, hujus urbis Exelcemosynarius, frère
— Dominus Christianus-Petrus *Wouters*, père), Pierre-
Balthasar DE COCQUIEL. né à Londres, le 8 Juin
1720 et décédé sans postérité, à Bordeaux, le 30 Août
1793, fils de Pierre-Léonard et d'Anne-Thérèse GORIS
qui était fille de Jean-Xavier et d'Isabelle-Jeanne VER-
VOORT, et petite-fille de Balthasar et de Marie VAN
PAEFFENRODE ; petit-fils de Jean-Alexandre DE COCQUIEL
et d'Anne-Isabelle LEMMENS, qui était fille de Pierre et
de Pétronille VAN LOVEN et petite-fille de Jean et de
Marie VAN WESENBEECK ; arrière-petite-fille de Charles
DE COCQUIEL d'Armentières, et d'Anne DE CRAEN, veuve
en premières noces de Louis RUSTICI et fille de Servais
et de Cornélie STEURS. Charles DE COCQUIEL était fils
de Nicolas et de Jeanne COLBART, fille de Jean COLBART,
seigneur du Quesnoy, et de Marie D'ATH ; petit-fils de

Thierry DE COCQUIEL, seigneur d'Orchival, et d'Anne
RODART, fille de Jean et de Nicole DE MONTIGNY; et
arrière-petit-fils de Renaud DE COCQUIEL de Tournai
et d'Antoinette THERISSART, dame d'Orchival [1].

Ils habitèrent Amsterdam et Bordeaux.

15. Léonard-Hyacinthe, à Saint-Jacques, le 27 Septembre 1724 (Dominus Leonardus *van Uffels* — Demoiselle Isabelle *Charlé*), mort jeune.

16. Jacques-Hyacinthe, à Notre-Dame-Nord, le 11 Août
1727 (Pierre *Leys* — Jacqueline-Christine *van Horne*),
décédé sans alliance, à Turnhout, le 29 Août 1759
et y enterré dans l'église Saint-Pierre [2].

----

[1] Nous publierons l'année prochaine la généalogie complète
de la famille DE COCQUIEL.

Les COCQUIEL de la branche à laquelle appartient Pierre-
Balthasar DE COCQUIEL-WOUTERS s'allièrent aux familles HENRY,
POTTIER, CARPENTIER dit DU BOS, DE LE CROIX, DES MARTINS,
TUCHER, THERISSART, VAN ACHELEN, DE GREVE, PELS, DE LE
HOVE, RODART, DE LABISTRAETE, DE FALLOISE, COLBART,
BRUNEAU, VAN WOELPUT, DE CRAEN, DE HAYNIN, LEMMENS,
VAN DEN BOSCH, GORIS, VAN RYSWICK, DE VROOM, VAN DEN
STEEN, BOOTS, VAN DE WAL, MERTENS et WOUTERS.

[2] Wij Joannes Alexander GUYOT ende Franciscus Pauwels
VAN KESSEL Schepenen van Antwerpen maeken condt dat voor
ons quaemen Jouffrouwe Clara Jacoba HOOMIS weduwe D'heer
Christiaen Pedro WOUTERS met eenen momboir haer gegeven
metten rechte, in d'eerste partije ; D'heer Pedro WOUTERS,
in eijgen naeme des voorschreven D'heer Christiaen Pedro
WOUTERS meerderjaerighen sone daer moeder aff was Jouffrouwe Isabella HOPPENBROUWER, in de tweede partije ; den
selven d'heer Pedro WOUTERS alnoch in den naeme van sijne
sustere Jouffrouwe Maria Anna WOUTERS in houwelijck met
d'Heer ende Meester Franciscus Jacobus DE LIAGRE advocaet van sijne Majesteijts Souvereijnen Raede van Brabant, ende

VIII. Chrétien-Joseph WOUTERS, receveur des pol-
ders, baptisé à Saint-Jacques d'Anvers, le 20 Mars 1719
(Dominus Petrus-Josephus *Hoomis*, oncle maternel —
Demoiselle Béatrix *van Breuseghem*, béguine à Anvers)

---

ten eijnde naerbeschreven van de selve sijne sustere ende swaegere
onwerroepelijck gemachtighte endgeconstitueert zijnde, blijc-
kende bij procuratie opden veerthienden Junij lestleden voor
Henricus VANDERSTAPPEN als Notaris binnen Brussele residerende
present getuijghen gepasseert ten desen originelijck geexhibeert,
alsoo inde derde partije ; d'heer Pedro Josephus HOOMIS als
bij de Jouffrouwe eerste comparante ten eijnde naerbeschreven
geassumeerden mede momboir over der Jouffrouwe eerste comparante ende wijlen haers voorschreven mans drij minderjaerighe
kinderen met naemen Christiaen Joseph, Joanna Theresia,
ende Jacobus Hyacinthus WOUTERS blyckende bij acte van
assumptie op sesthien Julij lestleden voor den Notaris Melchior
KRAMP gepasseert, gebruijckende voorts bij momboir in aensien
van de gemelde drij weesen, omme t' gene naarbeschreven te
moghen doen de permissie ende authorisatie der Heeren Wethouderen deser Stadt, gemargeert op sekere requeste bij de
Jouffrouwe eerste Comparante beneffens den voornoemden d'heer
Pedro Joseph HOOMIS aen de selve heeren gepresenteert gedateert
den 20 Julij insgelijkx lestleden onderteeckent J. H. DE LA FAILLE
ten desen mede originelijck getoont, ende in dier qualiteijt in
de vierde, vijfde ende sesde partije; sijnde de voornoemde
eerste Comparante ende de voorseijde vijff naergelaetene kinderen
van wijlen haeren voornoemden man ieder gerechtight voor een
kindtsgedeelte in desselffs naergelatene goederen, respective uyt
crachte van den contracte ante-nuptieel tusschen den voornoemden
d'heer Christiaen Pedro WOUTERS ende de Jouffrouwe eerste
Comparante op den 17 Meert 1718 voor den Notaris Jan KEUNIJNCK
aengegaen ende uyt crachte vanden Testamente ende ordon-
nantie van uijtersten wille bij den meergemelden d'heer Christiaen
Pedro WOUTERS op 26 Julij 1728. voor den Notaris Peeter
GERARDI alhier gepasseert, soo ist dat sij Comparanten onder-
linghe tusschen malcanderen bekende gepaert, gescheijden, ende
gedeijlt te hebben de naerbeschreven goederen tusschen de Jouf-

et décédé à sa maison de campagne dans l'avenue du
Marcgrave (faubourg d'Anvers), le 13 Juin 1792, épousa
dans la même ville, à Saint-Jacques, le 7 Décembre 1745
(Reverendus Dominus Petrus-Josephus *Coget*, frère —
Pierre *Wouters*, échevin, frère), Demoiselle Isabelle-
Léocadie COGET, baptisée à Saint-Georges d'Anvers,
le 9 Décembre 1722, décédée le 2 Mars 1771 et inhumée
à Saint-Jacques, sœur de Jean-Antoine COGET, licencié
ès droits, échevin et grand-aumônier de la ville d'Anvers,
anobli avec une couronne sur l'heaume, par lettres du
28 Août 1743, et fille de Jean-Antoine COGET, échevin
et grand-aumônier d'Anvers, et d'Anne-Thérèse-Isabelle
COBBE, sa seconde femme, qui était sœur de Jacques-André
COBBE, libre baron et comte de Burlack en Moldavie, noble
sénateur romain, licencié ès droits, greffier de la Monnaie
de sa Majesté à Anvers, lieutenant-général d'artillerie

---

frouwe eerste Comparante ende wijlen huers voorschreven mans
vijff kinderen onverscheijden ende onverdeijlt geweest zijnde.
Ende diensvolghens soo sal Jouffrouwe Clara Jacoba HOOMIS
weduwe van den voornoemden d'heer Christiaen Pedro WOUTERS
comparante in d'eerste partije daervan hebben ende behouden
voor haer ende haere Naercomelinghen in vollen eijgendom ende
met libere dispositie de naervolgende goederen..... als sijnde goet
gedaen het Import van dien bij haer als rendante ten sterff-
huijse voor sekere heeren Commissarissen uijt het Collegio der
Heeren Wethouderen deser Stadt gesloten ende gepasseert res-
pectieve de datis 10 Septembris 1736, ende 27 Julij lestleden.....
Eerst eene erffelycke rente van..... Item.....
In kennisse van dese letteren besegelt met onsen segele gegeven
int jaer ons Heere als men schreef duijsent seven hondert seven-
endertigh, ses daeghen in de maendt van Septembris. Ende was
onderteeckent F. P. VAN KESSEL ende gecacheteert in forma.

au service de l'empereur Charles VI, gouverneur-commandant et vice-roi au nom de l'empereur de l'établissement du Bengale, chevalier des ordres de Constantin-le-Grand, de Saint-Georges et de l'Ange d'Or. Elle était petite-fille de François COGET et d'Agnès HEUBENS, fille de Maître Jean HEUBENS et de Marie POTTIER ; arrière-petite-fille de Pierre COGET et de Gudule SCHALIE, sa seconde femme, fille de Philippe et de Gudule VAN NIEUWINCKEL [1].

Ils eurent treize enfants baptisés à Anvers :

1. Joseph, à Saint-Jacques, le 27 Octobre 1746 (Reverendus admodum Dominus Petrus-Josephus *Coget*, oncle maternel — Domicella Clara *Hoomis* vidua Domini Christiani-Petri *Wouters* hujus urbis Eleemosynarii, etc., grand'mère paternelle).

2. Thérèse-Isabelle, née le 23 et baptisée à Saint-Jacques, le 24 Octobre 1747 (Dominus Jacobus-Hyacinthus *Wouters*, oncle — Demoiselle Agnès-Thérèse *Coget*, tante, pour Demoiselle Anne-Thérèse-Isabelle *Cobbe*, grand'mère maternelle) et décédée le 25 Octobre 1836, épousa à Saint-Jacques d'Anvers, le 13 Juin 1776 (Dominus Christianus-Josephus *Wouters*, père — Jean-

---

[1] Un fragment généalogique de la famille COGET se trouve dans l'*Annuaire statistique des familles de Gand* par VAN HOOREBEKE, pour 1861. Les COGET s'allièrent aux familles VAN DE GOOR, SCHALIE, VAN TICHELT, HEUBENS, LE MIRE, DE LUARCA, VAN PRUYSSEN, COBBE, VAN WINGHEN, WOUTERS, ULLENS, DE LIEDEL, LUNDEN, KRAMP, VAN LANCKER, VAN DEN BERGHE-DE BREZON, MOREL, DE KEYSER et VAN PRAET.

Herman-Bernard *Bos*), Mathieu-Henri-Pierre BOS, né à Rotterdam, en 1745 et mort sans postérité, à Bruxelles, le 24 Juillet 1824, à l'âge de soixante-dix-huit ans et dix mois.

Ils habitèrent Bruxelles et Malines.

3. Agnès-Thérèse, née le 3 et baptisée à Saint-Jacques, le 4 Juillet 1749 (Dominus Jacobus-Hyacinthus *Wouters*, oncle, qui stetit loco Domini Petri *Wouters*, oncle — Dame Agnès-Thérèse *Coget*, épouse de Corneille *van Winghen*, tante). Elle habita longtemps le château de Well, dans la Gueldre Prussienne, appartenant à sa cousine, la Douairière Baronne DE LIÈDEL-COGET, et plus tard la ville de Turnhout. Elle mourut le 8 Avril 1830.

4. Jeanne-Claire, née le 20 et baptisée à Saint-Jacques, le 21 Janvier 1751 (Prænobilis Dominus Joannes-Antonius *Coget*, échevin de la ville d'Anvers, oncle — Dame Claire *Hoomis*, grand'mère paternelle, pour Dame Jeanne-Thérèse *Wouters*, épouse de Pierre-Balthasar *de Cocquiel*, tante), habita chez sa tante DE COCQUIEL-WOUTERS, à Bordeaux et épousa en cette ville, le 2 Prairial de l'an II (21 Mai 1794), Gervais-Auguste VIDAL, né à Bordeaux en 1750 et décédé sans postérité, fils de Jean et de Jeanne CARUY.

5. Pierre-Joseph, né le 27 et baptisé à Saint-Jacques, le 28 Août 1752 (Reverendus Dominus Petrus-Josephus *Coget*, chanoine de l'église Saint-Jacques, oncle maternel — Domina Clara *Hoomis*, vidua Domini Christiani-Petri *Wouters*) et mort sans alliance.

6. Antoine-Joseph qui suit.

7. Balthasar-Joseph-Philippe , à Saint-Jacques , le 10 Mars 1756 (Dominus Petrus *Wouters*, oncle , qui stetit loco Domini Petri-Balthazaris *de Cocquiel*, Amstelodami , oncle paternel — Demoiselle Thérèse-Philippine *Cobbe* , fille dévote). Il habita d'abord Trieste ,. Bordeaux et Hambourg et partit vers 1792 pour Philadelphie , où il séjourna pendant six ans. Il en revint vers 1798 et mourut sans alliance , le 14 Octobre 1808.

8. Rebecca-Joséphine , née le 25 et baptisée à Saint-Georges , le 27 Novembre 1757 (Joseph-François *de Luarca* , de Cadix , cousin maternel — Demoiselle Jeanne-Rebecca *Pieterssens* uxor Domini Petri *Wouters* hujus civitatis scabini , remplacée par Demoiselle Marie-Anne *Wouters* , cousine) et morte le 9 Septembre 1825, épousa à Anvers , le 30 Nivôse de l'an VII (19 Janvier 1799) , Jean-Joseph-Hyacinthe BARONNEAU , baptisé à Notre-Dame-Sud d'Anvers , le 17 Août 1757 et y décédé sans postérité , le 29 Novembre 1816 , fils de Joseph-Bauduin et de Marie-Joséphine-Catherine Puttemans ; petit-fils de Joseph-Alexandre Baronneau de Paris , qui obtint droit de bourgeoisie à Anvers , le 13 Octobre 1727 , et d'Isabelle Denijs.

9. François-Joseph , né le 14 et baptisé à Saint-Georges , le 16 Mai 1759 (Dominus Franciscus-Jacobus *de Liagre*, juris utriusque Licentiatus , etc., oncle paternel — Prænobilis Domicella Carolina-Theresia *Melijn* uxor Prænobilis Domini Francisci-Emmanuelis *van Erlborn*) , mort le 30 Mars de l'année suivante et inhumé dans le *caveau des anges* , sous le calvaire.

10 Un enfant du sexe féminin, mort-né le 3 Mars 1760.

11. Un enfant du sexe masculin, mort-né le 2 Mai 1761.

12. Marie-Anne-Françoise, née le 4 et baptisée à Saint-Georges, le 5 Mai 1762 (Prænobilis Dominus Franciscus-Emmanuel *van Ertborn*, époux d'Anne-Isabelle-Catherine *Hoomis* — Domicella Maria-Anna *de Wilde* uxor Domini Ferdinandi *van Pruyssen*) et décédée à Trieste, épousa à Saint-Jacques d'Anvers, le 2 Avril 1782 (Dominus Christianus-Josephus *Wouters*, père — Dominus Michael-Josephus *Baraux*), le baron François-Emmanuel-Joseph BARAUX, consul des Pays-Bas à Trieste, baptisé à Saint-Jacques d'Anvers, le 12 Janvier 1750, créé baron par l'empereur d'Autriche, et décédé à Trieste, le 22 Octobre 1829, fils de Pierre-François BARAUX de Fontaine-l'Évêque (Liége), et d'Anne-Françoise-Joséphine DES AMORIS de Verviers, qui était fille d'André-Joseph et de Marie-Marguerite SODAR; petit-fils de Pierre-Joseph BARAUX et de Marguerite PAUL.

Ils eurent une fille unique :

La baronne Anne-Marie-Élisabeth BARAUX, née à Trieste, le 9 Juillet 1792 et décédée à Venise, le 2 Mai 1878, épousa en premières noces le baron Charles VON SCHLOISSNIGG, chambellan de l'empereur d'Autriche, décédé le 19 Septembre 1849, frère de Sophie VON SCHLOISSNIGG qui épousa le baron VON MÜNCH-BEL-LINGHAUSEN, et fils du baron François-Séraphin-Joseph-Jean VON SCHLOISSNIGG et de Marie-Anne-Thérèse-Louise baronne DE LIEDEL-DE WELL, qui était sœur du baron Pierre-Guillaume DE LIEDEL-DE WELL, seigneur de Well, membre des États du Limbourg et des 2e et 1e Chambres des États-Généraux de Hollande, cheva-

lier du Lion Néerlandais, et fille du baron Guillaume
DE LIEDEL-DE WELL, seigneur de Well, Bergen, Ayen
et Sint-Annendael, et de Thérèse-Joséphine-Marie COGET,
fille de Jean-Antoine COGET, écuyer, échevin et grand-
aumônier d'Anvers, et de Marie-Anne COBBE, fille de
Jacques-André COBBE, libre baron et comte de Burlack en
Moldavie, noble sénateur romain, licencié ès droits et
avocat, greffier de la Monnaie de Sa Majesté à Anvers,
lieutenant-général d'artillerie au service de l'empereur
Charles VI, gouverneur-commandant et vice-roi, au nom
de l'empereur, de l'établissement du Bengale, chevalier
des ordres de Constantin-le-Grand et de Saint-Georges.

Anne-Marie-Élisabeth BARAUX épousa en secondes
noces, à Padoue, le 24 Avril 1851, Giuseppe BILLICH,
d'une ancienne famille noble dalmate, officier supérieur
dans l'armée autrichienne, né à Spalatro en Dalmatie,
le 2 Mars 1796.

13. Chrétien-Joseph, administrateur des Domaines
des Couvents pendant l'occupation française.

Né le 26 et baptisé à Saint-Georges, le 27 Novembre 1763 (Reverendus Dominus Petrus-Josephus
Coget, chanoine, oncle maternel — Demoiselle Thérèse-
Joséphine-Marie *Coget*, épouse du baron *de Liedel*,
cousine maternelle), décédé à Laeken, le 16 Mars 1835,
il fut pendant l'occupation française administrateur des
Domaines des Couvents. En 1797, sa maison fut pillée et
lui-même fut fait prisonnier et enfermé dans la citadelle
d'Anvers. Il épousa à Liége, le 15 Décembre 1799,
Colette-Joséphine-Mathilde DIERCXSENS, baptisée à
Notre-Dame-Sud d'Anvers, le 14 Mars 1769 et décédée

à Gand, le 16 Avril 1840, sœur de Marie-Jacqueline-Dominique DIERCXSENS qui épousa Eugène-Charles-Alexandre-Antoine-Marie DE COCQUIEL-DE TER HEIRLER, et fille de Pierre-Guillaume DIERCXSENS et d'Anne-Gertrude SOLVYNS; petite-fille de Pierre DIERCXSENS, grand-aumônier d'Anvers, et de Sara-Marie-Jacqueline MERTENS; arrière-petite-fille de Jean-Pierre et de Jeanne-Marie DE MEESTER [1].

Ils eurent une fille unique :

Colette-Thérèse-Fanny, née à Bruxelles, le 24 Ventôse de l'an VIII (15 Mars 1800) et décédée sans alliance, à Gand, le 25 Mars 1871.

IX. Antoine-Joseph WOUTERS, receveur des polders, baptisé à Saint-Jacques d'Anvers, le 15 Mai 1754 (Dominus Cornelius *van Winghen*, oncle maternel — Domicella Clara *Hoomis* vidua Domini Christiani-Petri *Wouters* hujus Ecclesiæ Edilis et urbis Eleemosynarii, quæ stetit loco Domicellæ Mariæ-Annæ *Wouters* uxoris Domini Francisci-Jacobi *de Liagre* advocati Bruxellis), décédé à Anvers, le 24 Octobre 1823 et inhumé à

---

[1] Les DIERCXSENS s'allièrent aux familles GOBBAERTS, VAN DE VENDE, HAERMANS, DORENHOVEN, KOENRAETS, DE WAEL, LIEBRECHTS, BOECX, COLIJNS, BORSBEECK, VAN PRUYSSEN, MICHIELSENS, PAESMANS, COOMAN, DE BROËTA, VAN VELSEN, DU VIVIER, DE COCK, VAN GENECHTEN, POUPPEZ-DE KETTENIS, LE PAIGE, REINTJENS, BOOTS, D'OR, ANNONI, VAN DEN BOSCH, HENNEKIN, CLAESSENS, DE MEESTER, MERTENS, VERACHTER, BOTERMANS, SOLVYNS, DE COCQUIEL-DE TER HEIRLER, WOUTERS, BARNEVAL, VAN MOORSEL, CHARLÉ, VAN WIJCKERSLOOT, SERRUYS, VAN BOMBERGHEN, VAN DIEPENBEECK, SHERIDAN et PEYROT.

Saint-Willibrord (extra-muros), partit le 23 Novembre
1778 pour la Chine et s'établit dans la ville de Canton.
Il en revint dans sa patrie, le 10 Octobre 1786 et
épousa à Saint-Jacques d'Anvers, le 12 Juin 1792 (Dominus Christianus-Josephus *Wouters*, frère — Dominus
Josephus-Franciscus *de Liagre*, cousin), Anne-Cornélie-
Lucie VAN BEECK, née à Wustwezel (Anvers), en
1762, décédée à Anvers, le 25 Décembre 1816 et
inhumée à Saint-Willibrord, fille de François-Herman-
Joseph VAN BEECK, secrétaire du village de Wustwezel,
et de Marie-Lucie LEPPENS, sa seconde femme, qui était
fille de Jean et de Pétronille DIERICKXSENS, fille elle-
même de Corneille et de Marie DE KLIJN; petite-fille de
François VAN BEECK, écoutête de Wustwezel [1].

Il procréa trois enfants nés à Anvers :

1. François-Antoine, baptisé à Notre-Dame-Sud, le
15 Mars 1793 (François *van Beeck*, grand'père maternel,
remplacé par Joseph-François *de Liagre*, cousin —
Thérèse-Isabelle *Wouters*, tante, remplacée par Agnès-
Thérèse *Wouters*, tante) et décédé sans alliance, à
Anvers, le 17 Décembre 1815.

2. Marie-Anne-Joséphine, baptisée à Notre-Dame-Sud,
le 21 Septembre 1795 (Dominus Christianus-Josephus
Wouters, oncle — Demoiselle Jeanne-Marie-Françoise

---

[1] François-Herman-Joseph VAN BEECK, secrétaire à Wustwezel, avait épousé en premières noces, Marie-Catherine-Jo-
séphine DIERIOKXSENS, sœur de François-Corneille-Laurent
DIERICKXSENS, dont la fille épousa Jean-Philippe comte DE HORNES-
DE GELDORP, échevin de la ville d'Anvers.

van Minderhout, pour Demoiselle Marie-Lucie *Leppens*, grand'mère maternelle), décédée à Anvers, le 16 Mai 1844 et inhumée à Saint-Willibrord, épousa à Anvers, le 15 Octobre 1821, Gérard-Théodore-Charles SCHWE-LING, né à Aix-la-Chapelle, le 2 Mars 1785 et y décédé sans postérité, le 30 Avril 1857, fils de Joseph-Guillaume-Gérard et de Christine-Éléonore TURBET.

3. Albert-Charles-Joseph qui suit.

X. Albert-Charles-Joseph WOUTERS, receveur des polders, né à Anvers, le 7 Décembre 1800 (François-Herman-Joseph *van Beeck*, secrétaire de Wustwezel, remplacé par Dominique-Guillaume-Philippe *van Beeck*, notaire — Agnès-Thérèse *Wouters*, tante, remplacée par Rebecca-Joséphine *Wouters*, tante), y décédé le 6 Octobre 1851 et inhumé à Saint-Willibrord, y épousa le 22 Juin 1824, Anne-Isabelle-Constance-Antoinette VAN CAMPEN, née dans la même ville, le 22 Février 1803, fille de François-Joseph et de Catherine-Marie-Jeanne-Joséphine JANSSENS, qui était fille de Guillaume-Gérard et de Marie-Élisabeth DE WITTE ; petite-fille de Corneille-Joseph VAN CAMPEN et de Marie-Catherine STEENEKUYL ; arrière-petite-fille de Paul et de Marie-Catherine BEYL.

Ils eurent douze enfants nés à Anvers :

1. Charles-Joseph-François-Hubert qui suit.

2. Florent-François-Antoine-Hubert, le 25 Novembre 1826 et décédé sans alliance, à Anvers, le 7 Novembre 1851.

3. François-Xavier-Hubert-Marie, receveur des polders,

né le 28 Février 1828, épousa à Anvers, le 10 Avril 1861, Mélanie-Louise-Philippine JANSSENS, née dans cette ville, le 16 Mars 1829, fille de Pierre-Théodore-Jean-Baptiste-Joseph JANSSENS, docteur en médecine, et de Marie-Thérèse-Caroline-Jeanne VAN HASSELT, qui était fille de Louis-François-Hubert et de Jeanne-Isabelle MEEUSSEN de Berg-op-Zoom; petite-fille de Jean-Martin VAN HASSELT et de Louise-Catherine-Marie-Anne VAN CATTENBERGHE de Palerme, qui était fille de Jean-Baptiste et d'Anne-Marie DE KESSCHIETERE; arrière-petite-fille de Jean-Martin VAN HASSELT de Buitenveldert près d'Amsterdam, et de Jeanne-Marie DE BAUDT d'Anvers. Le docteur JANSSENS était fils de Philippe-Jacques JANSSENS et de Marie-Agnès COLINS, et petit-fils de Guillaume-Joseph et de Marie-Françoise HENNEBEL qui était fille de Jacques HENNEBEL, drossard de Bautersem (Brabant), député pour le Quartier de Tirlemont, et de Catherine-Barbe VLEMINCX, et petite-fille de François HENNEBEL, aussi député pour le Quartier de Tirlemont, et de Jeanne-Marie VREVEN, fille de Guillaume VREVEN, bourgmestre de Léau (Brabant), et de Barbe VLEMINCX.

Ils eurent sept enfants nés à Anvers :

A. Georges-Marie-Pierre-Hubert, le 15 Mars 1862.

B. Oscar-Philippe-Marie-Hubert, le 25 Novembre 1863.

C. Alice-Marie-Françoise-Hubertine, le 31 Mai 1865.

D. Victor-Eugène-Henri-Marie-Hubert, le 9 Avril 1867, mort le 6 Avril 1870.

E. Berthe-Marie-Emma-Félicité-Hubertine, le 10 Mars 1869, morte le 21 Août de la même année.

F. René-Joseph-Marie-Hubert, le 25 Mai 1871,

G. Victor-Louis-Marie-Hubert , le 9 Novembre 1872.

4. Gustave-Joseph-Marie-Hubert , le 16 Avril 1829 et décédé le 6 Novembre de la même année.

5. Marie-Françoise-Antoinette-Hubertine , le 6 Juillet 1830 et décédée le 7 Décembre 1861 , épousa à Anvers , le 14 Juin 1853 , Jacques-Joseph FAVRESSE , né à Gosselies , le 15 Novembre 1819 , fils de Lothaire-Joseph-Hubert et de Jeanne-Marie-Cécile FAUCONNIER.

Ils eurent trois enfants nés à Bruxelles :

A. Charles-Marie-Joseph-Hubert FAVRESSE, le 5 Novembre 1854 et décédé à Berchem (Anvers) , le 23 Novembre 1871.

B. Marie-Alexandrine-Antoinette-Hubertine FAVRESSE, le 10 Septembre 1856.

C. Julie-Françoise-Émilie-Hubertine FAVRESSE , le 12 Octobre 1859.

6. Un enfant du sexe masculin , mort-né le 22 Février 1832.

7. Mathilde-Marie-Caroline-Hubertine, le 20 Mars 1833 et décédée sans alliance , à Anvers , le 3 Juin 1856.

8. Henri-François-Marie-Hubert , le 14 Octobre 1834 et décédé le 28 Décembre 1867, épousa à Anvers , le 1 Décembre 1860 , Rosalie-Thérèse-Maximilienne DE RAEDT , née à Anvers, le 1 Août 1839 , fille de Jean-Gommaire et de Cornélie-Françoise VAN BORTEL.

Ils eurent :

Mathilde-Marie-Hubertine-Henriette , née à Anvers , le 30 Octobre 1861.

9. Françoise-Marie-Hubertine, le 10 Juin 1836, épousa à Anvers , le 2 Mai 1859, son cousin-germain, Alphonse-

Marie-Joseph-Antoine-Hubert VAN DYCK, né à Anvers, le 10 Juillet 1828, fils de Jean-Baptiste et de Catherine-Marie-Joséphine VAN CAMPEN, qui était fille de François-Joseph et de Jeanne-Marie-Joséphine JANSSENS, fille elle-même de Guillaume-Gérard JANSSENS et de Marie-Élisabeth DE WITTE ; petit-fils d'Adrien VAN DYCK et de Marie-Madeleine VAN BRABANT.

Ils ont quatre enfants nés à Anvers :

A. Anne-Marie-Joséphine-Hubertine VAN DYCK, le 2 Février 1860.

B. Léon-Joseph-Marie-Hubert VAN DYCK, le 28 Mars 1861.

C. Marie-Joséphine-Françoise-Hubertine VAN DYCK, le 23 Avril 1863.

D. Jules-Jean-Baptiste-Marie-Hubert VAN DYCK, le 15 Juin 1864.

10. Joseph-Marie-Hubert, le 17 Mai 1840, épousa à Anvers, le 21 Avril 1864, Joséphine-Marie-Céline DE BROGNIEZ, née à Wandre (Liége), le 28 Août 1843, fille du chevalier Louis-Joseph DE BROGNIEZ, colonel d'artillerie, commandant supérieur du matériel d'artillerie de la province d'Anvers, chevalier de l'Ordre de Léopold, décoré de la Croix Commémorative, chevalier de la Couronne de Chêne, qui obtint reconnaissance de noblesse et du titre de chevalier par lettres patentes du 18 Mars 1869, et de Silvie-Caroline JALHEAU; petite-fille de Joseph-Antoine DE BROGNIEZ, chevalier du Saint-Empire, et de Marie-Anne DE GOMZÉ, qui était fille de Jean-Mathieu et de Dorothée-Guillaumine DE THEUX ; arrière-petite-fille de Charles-Bernard DE BROGNIEZ,

chevalier du Saint-Empire , et de Jeanne van Casteel ,
qui était fille d'Adrien-Dominique van Casteel , anobli
par lettres patentes du 9 Février 1764, et de Marie-
Jeanne Rasch. Charles-Bernard de Brogniez était fils
d'Albert de Brogniez , bourgmestre de Thuin , qui était
frère d'Antoine-Joseph de Brogniez , aussi bourgmestre
de Thuin , créé chevalier du Saint-Empire , et fils de
Charles de Brogniez , bourgmestre de Huy [1].

Ils eurent deux enfants nés à Anvers :

A. Maurice-Marie-Hubert , le 8 Octobre 1869 , décédé
le 26 Février 1872,

B. Gabrielle-Marie-Hubertine , le 6 Mai 1874.

11. Victor-Marie-François-Antoine-Hubert , avocat ,
ancien-substitut du Procureur du Roi à Anvers ,
administrateur du Mont-de-Piété , administrateur, vice-
président et ancien-président des Hospices d'Anvers ,
né le 7 Octobre 1841 , épousa à Ixelles (Bruxelles), le
11 Mai 1867, Anne-Marie-Louise BOSMANS , née à
Oostmalle (Anvers) , le 18 Juin 1840, veuve en premières noces de Henri Karoly, et fille de Jean-Gérard
Bosmans , docteur en médecine , et de Claire Wuyts.

12. Emma-Marie-Florence-Hubertine, le 18 Août 1843,
épousa à Anvers, le 24 Octobre 1865 , Victor-Engel-
bert BEELS , né à Gheluwe (Flandre-Orientale) , le

---

[1] La généalogie de la famille de Brogniez se trouve dans
l'*Annuaire de la Noblesse de Belgique*, pour 1875. Les de Brogniez
s'allièrent aux familles Dubos, Wolff, van Casteel, de Gomzé,
Jalheau , de Baeremaecker, Wouters et Elsen.

20 Janvier 1827 , fils de Pierre et d'Amélie-Charlotte CATRY.

Ils eurent huit enfants nés à Anvers :

A. Marie-Françoise-Hubertine BEELS , le 15 Juillet 1866.

B. Julie-Eulalie-Hubertine BEELS, le 8 Décembre 1867, décédée le 20 Octobre 1868.

C. Prosper-Hubert BEELS, le 10 Février 1869, décédé le 1 Octobre 1872 et inhumé à Saint-Willibrord.

D. Florent-Cyrille-Marie-Hubert BEELS, le 4 Mai 1870.

E. Julie-Marie-Françoise BEELS, le 23 Septembre 1871.

F. Arthur-Joseph-Marie-Hubert BEELS , le 26 Septembre 1872.

G. Paul-Charles BEELS , le 15 Janvier 1874.

H. Berthe-Marie-Victoire-Hubertine BEELS, le 20 Juin 1875.

XI. Charles-Joseph-François-Hubert WOUTERS , né à Anvers , le 21 Octobre 1825, y épousa, le 30 Janvier 1855, Marie-Anne-Isabelle VAN DAEL, née à Anvers, le 1 Mars 1831, fille de Jean-Antoine et de Marie-Anne-Isabelle BONGAERTS ; petite-fille de François-Joseph VAN DAEL , notaire royal, et de Marie-Élisabeth DIOENS.

Ils eurent six enfants nés à Anvers.

1. Marie-Jeanne-Hubertine , le 30 Septembre 1855 , épousa à Anvers , le 11 Août 1877, Félix-Marie-Joseph JANSSENS , né dans cette ville, le 22 Mars 1851, fils de Pierre-Théodore-Jean-Baptiste-Joseph JANSSENS, docteur en médecine, et de Marie-Thérèse-Caroline-Jeanne VAN HASSELT , qui était fille de Louis-François-Hubert et de Jeanne-Isabelle MEEUSSEN de Berg-op-

Zoom ; petite-fille de Jean-Martin VAN HASSELT et de Louise-Catherine-Marie-Anne VAN CATTENBERGHE de Palerme , qui était fille de Jean-Baptiste et d'Anne-Marie DE KESSCHIETERE ; arrière-petite-fille de Jean-Martin VAN HASSELT de Buitenveldert près d'Amsterdam , et de Jeanne-Marie DE BAUDT d'Anvers. Le docteur JANSSENS était fils de Philippe-Jacques JANSSENS et de Marie-Agnès COLINS , et petit-fils de Guillaume-Joseph et de Marie-Françoise HENNEBEL , qui était fille de Jacques HENNEBEL , drossard de Bautersem (Brabant) , député pour le Quartier de Tirlemont , et de Catherine-Barbe VLEMINCX , et petite-fille de François HENNEBEL , aussi député pour le Quartier de Tirlemont , et de Jeanne-Marie VREVEN , fille de Guillaume VREVEN , bourgmestre de Léau (Brabant) , et de Barbe VLEMINCX.

Ils ont :

Maurice-Marie-Félix-Charles-Hubert JANSSENS , né à Anvers , le 5 Juillet 1878.

2. Florent-François-Constant-Marie-Hubert, le 11 Août 1856 , mort le 4 Mars de l'année suivante.

3. Augustine-Marie-Hubertine , le 9 Août 1858, épousa le 12 Janvier 1878 , Guillaume-Auguste-Louis-Marie DE BROUWER , né à Bruges , le 23 Septembre 1856 , fils de Guillaume-François DE BROUWER , docteur en médecine , et d'Eugénie BIDART.

4. Françoise-Marie-Hubertine , le 4 Août 1859.

5. Albert-Marie-Hubert , le 12 Février 1861.

6. Florent-Marie-Hubert , le 30 Décembre 1863 , mort le 8 Février 1864.

Septième Branche.

—

VI^{ter}. Guillaume-Pierre-Jacques WOUTERS, écuyer, licencié ès droits, avocat au Conseil Souverain de Brabant, greffier de la ville de Bruxelles, fils de Dominique et d'Antoinette VAN CAVERSON.

Baptisé à Sainte-Gudule, le 1 Janvier 1645 (Dominus Guilielmus JACOBS — Demoiselle Pétronille *van Caverson*, tante maternelle), il épousa, dans la même église, le 1 Août 1673 (Dominique *Wouters*, père — Guillaume *Goossens*, licencié ès droits, oncle — Marguerite *van Doorne*, tante — Antoinette *Wouters*, sœur — Jean-Baptiste *Wouters*, religieux-dominicain, frère — *J. Roucourt*, doyen de Sainte-Gudule), Demoiselle Marie-Anne JACOBS, baptisée à Saint-Nicolas de Bruxelles, le 7 Février 1650, sœur de Jérôme-François JACOBS, seigneur de la baronnie de Corbeek au delà de la Dyle, de Steenbergen et de Sainte-Anne-Valbeek ; de Henri JACOBS, greffier de la ville de Bruxelles, admis au lignage de Roodenbeek en 1696 ; et d'Isabelle-Bernardine JACOBS qui épousa Albert-Antoine DE LAU, avocat au Conseil de Flandre. Elle était fille de Pierre JACOBS, licencié ès droits et avocat, et de Claire VAN DOORNE, qui était fille de Jean VAN DOORNE , intendant du Rivage à Bruxelles , et de Cécile LE MIRE ; petite-fille de Henri JACOBS et de Marie STEEMAER , et arrière-petite-fille de Pierre JACOBS , anobli par l'empereur Charles V, en 1548 [1].

Il procréa sept enfants baptisés à Sainte-Gudule.

1. Dominique qui suit.

2. Antoinette-Rose , le 4 Janvier 1676 (Consultissimus Dominus Petrus *Jacobs*, juris utriusque Licentiatus, grand'père maternel — Demoiselle Antoinette *Wouters*, tante).

3. Jean-Baptiste , avocat au Conseil Souverain de Brabant, baptisé le 28 Août 1677 (Dominus Reverendus Pater Joannes-Baptista *Wouters*, ordinis prædicatorum, oncle — Demoiselle Catherine-Thérèse *Jacobs*, tante maternelle). Il fut admis , du chef de sa mère , au lignage de Roodenbeek à Bruxelles , en 1696 , avec son frère-aîné Dominique.

4. Antoine-Guillaume , le 3 Mars 1679 (Dominus Antonius *du Bois* dit *van den Bossche*, Consiliarius Regius, époux de Marie-Claire *Jacobs*, grand'oncle maternel — Demoiselle Isabelle-Bernardine *Jacobs*, tante maternelle).

---

[1] Un fragment généalogique de cette famille se trouve dans la *Généalogie de la famille de van der Noot*, par AZEVEDO. Ces JACOBS s'allièrent aux familles STEEMAER , VAN DOORNE , DU BOIS dit VAN DEN BOSSCHE, HUGO , HECHTS , MARTINEZ , WOUTERS , DE LAU , VAN 'T SESTICH , DE CLERCQ-DE BOVEKERCKE , DE HERCKENRODE , CLEYMANS , DE BRABANT , CRABEELS , DE PÓTTELSBERGHE , VAN DEN CORPUT et BLOEMAERTS.

5. Isabelle-Bernardine, le 13 Novembre 1680 (Jérôme-François *Jacobs*, oncle maternel — Demoiselle Isabelle-Bernardine *Jacobs*, tante maternelle).

6. Marie-Anne, le 19 Janvier 1683 (Guillaume *Goossens*, licencié ès droits, grand'oncle maternel — Demoiselle Isabelle-Constance *Hechts*, épouse de Henri *Jacobs*, licencié ès droits, greffier de la ville de Bruxelles, tante maternelle).

7 Marguerite, le 15 Février 1684 (Henri *Jacobs*, licencié ès droits, oncle maternel — Dame Marguerite *van Doorne*, grand'tante maternelle), épousa à Sainte-Gudule de Bruxelles, le 5 Janvier 1709 (Consultissimus Dominus Guilielmus *Wouters*, pater sponsæ — Reverendus Dominus Antonius *de Mannery*, presbiter — Dominus Antonius *van Eeckhout*), François-Pierre DE NIEULANT-BRUANE, seigneur de Bruane, décédé avant 1714, fils de Pierre-Martin DE NIEULANT, seigneur de Bruane, commis des impôts au Quartier du Franc de Bruges, chef-homme de la gilde des escrimeurs, et d'Anne-Marie ROELOF ; petit-fils de François-Olivier DE NIEULANT, chevalier par patentes du 20 Mai 1662, seigneur de Bruane, Roncheval, Voordenhove, etc., conseiller-pensionnaire et haut-échevin du pays de Waes, conseiller de Bruges, membre du Conseil de Flandre, et d'Anne-Marie SPRONCHOLF, fille de Pierre SPRONCHOLF, conseiller-pensionnaire de Bruges, et de Marie WYNCKELMAN ; arrière-petit-fils d'Olivier DE NIEULANT, seigneur de Bruane, membre du Conseil de Flandre, conseiller-pensionnaire du pays de Waes, et d'Isabelle VAN LOGHENHAGHE, dame de Voorde, fille

de François VAN LOGHENHAGHE , seigneur d'Inghelant , et d'Antoinette DU RIVAGE [1].

Ils eurent :

Guillaume-François DE NIEULANT-BRUANE , baptisé à Sainte-Gudule de Bruxelles , le 16 Septembre 1709 (Dominus Guilielmus *Wouters* Consilij Brabantiæ advocatus , grand'père maternel — Demoiselle Antoinette *Wouters* , tante maternelle).

VII. Dominique WOUTERS , licencié ès droits, avocat au Conseil Souverain de Brabant, échevin de la Chambre de Commerce et doyen de la Gilde de la Draperie à Bruxelles , admis . du chef de sa mère , au lignage de Roodenbeeck , en 1696.

Baptisé à Sainte-Gudule de Bruxelles, le 23 Mai 1674 (Dominique *Wouters* , grand'père — Domina Barbara-Theresia *Hugo* uxor Domini *Jacobs* advocati in Senatu Brabantiæ , tante maternelle) , il y épousa en premières noces, à Notre-Dame de la Chapelle, le 29 Septembre 1708 (Consultissimus Dominus Joannes-Baptista *Wouters* ,

---

[1] Les NIEULANT-BRUANE formaient la branche aînée de la grande famille DE NIEULANT , originaire de Termonde.

C'est de cette branche que sortirent les NIEULANT , seigneurs de Voordenhove , de la vicomté de Furnes , de Zedelghem , de Croonvoorde , de Ruddervoorde , de Goudekeuken , de Noortvelde, de Gaverelle, et les vicomtes DE NIEULANT-ET DE POTTELSBERGHE. Leurs ancêtres avaient été seigneurs de Gaverincxhove, Axele et Casselhove.

La généalogie de la famille DE NIEULANT se trouve dans *l'Annuaire de la Noblesse de Belgique*, pour 1857, et plus complète dans *Bruges et le Franc*, par GAILLIARD , T. IV. p. 225—247.

frère — Reverendus Dominus Carolus *Auwerckx* — Demoiselle Marie-Isabelle *de Valladolid*, épouse de Guillaume-Albert *le Febure*), Demoiselle Marguerite DE VILLA-VICENCIO-D'ESCAUDEUVRES, fille de Dominique-François DE VILLA-VICENCIO-D'ESCAUDEUVRES, seigneur d'Escaudeuvres au Cambrésis, et de Marie-Alexandrine LE FEBURE dite DE BIERBAIS, qui était fille de Gabriel LE FEBURE, écuyer, seigneur de Bierbais, Hévillers, Velroux, etc., et de Marguerite RENIER; petite-fille de Don Ambrosio DE VILLA-VICENCIO, seigneur d'Escaudeuvres, et de Marguerite DE RANSAU; arrière-petite-fille de Don Lorenzo-Inigo DE VILLA-VICENCIO, seigneur d'Escaudeuvres, lieutenant du Maître de Camp Général du Roi ès armées des Pays-Bas, et d'Anne DE VOORT.

Il épousa en secondes noces, à l'église de Finistère, à Bruxelles, le 14 Juin 1731 (Reverendus Dominus Pater Augustinus *van der Speyen*, vice-pastor — Nicolas-François *van der Noot*, seigneur de Vrechem, Kelfs, Gobbelschroy, etc., amman de la ville de Bruxelles), Demoiselle Marie-Thérèse DE WYSE.

Il eut du premier lit deux fils baptisés à Notre-Dame de la Chapelle à Bruxelles :

1. Henri-Dominique-Hyacinthe qui suit.

2. Jacques-Joseph, le 26 Novembre 1713 (Dominus Jacobus *Wouters* Graphiarius Civitatis Bruxellensis, cousin — Domina Anna-Maria *Le Febure* vidua Consultissimi Domini Henrici-Francisci *van den Putte*).

Il fut directeur de l'Hôtel de la Monnaie à Bruxelles, de 1776 à 1779; auditeur ordinaire de la Chambre

des Comptes, nommé par l'empereur Joseph II, le
9 Décembre 1786 et renommé par Marie-Christine et
Albert-Casimir, le 11 Juillet 1791.

VIII. Henri-Dominique-Hyacinthe WOUTERS, admis
au lignage de Roodenbeeck, en 1730.

Baptisé à Bruxelles, à Notre-Dame de la Chapelle,
le 8 Juillet 1710 (Consultissimus Dominus Henricus
Jacobs hujus urbis Grafflarius, grand'oncle paternel
— Nobilis Domina Margareta-Isabella *de Pangaert*),
épousa à Sainte-Gudule, le 29 Juillet 1734 (Reverendus
Dominus Franciscus-Jacobus-Ignatius *van den Blocke* —
Reverendus Dominus Jacobus *Roseaux*), Demoiselle
Barbe-Caroline DE MERODE dite DE MEERTE, baptisée
à Saint-Géry de Bruxelles, le 23 Avril 1709, fille de
Messire Henri-Gilles DE MERODE dit DE MEERTE, écuyer,
seigneur d'Obbergem, en Molhem et d'Assche, receveur-
général des Domaines de Sa Majesté Impériale-Royale en
Brabant, notaire, procureur et greffier du territoire de
Calloo, et de Dame Jeanne-Adrienne VAN DEN CLOOSTER,
Dame en Molhem et d'Assche; petite-fille de Messire François DE MERODE dit DE MEERTE, chevalier, capitaine d'une
compagnie d'infanterie wallone au service de Sa Majesté Catholique, et de Dame Isabelle-Marguerite DE
MAILLET; arrière-petite-fille de Pierre DE MERODE dit
DE MEERTE, chevalier, libre seigneur d'Obbergem et
de Steenhuffel, gentilhomme de la Chambre du Roi et
capitaine de sa cavalerie d'Alcaburos de gardes du corps
(qui en vertu du testament de l'année 1591, de Messire
Pierre DE MEERTE, chevalier, libre seigneur d'Obbergem

PL. VI.

DE COCQUIEL.   COGET.   VAN BEECK.
(p. 95.)   (p. 98.)   (p. 105.)

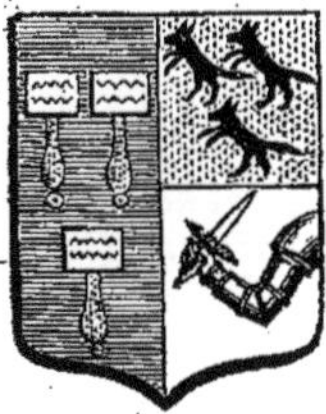 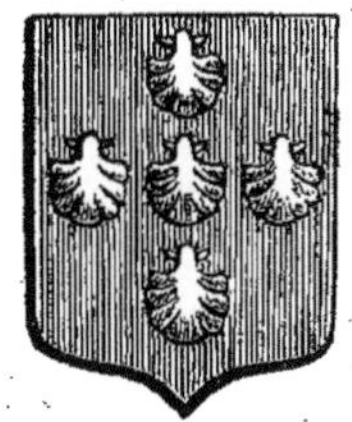 

DE BROGNIEZ.   JACOBS.   DE NIEULANT.
(p. 109.)   (p. 113.)   (p. 115.)

  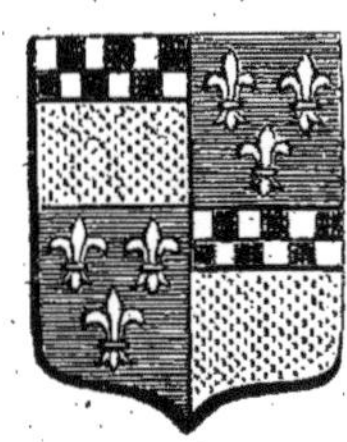

DE VILLA-VICENTIO.   DE WYSE.   DE MERODE *dit* DE MEERTE.
(p. 117.)   (p. 117.)   (p. 118.)

et de Steenhuffel, frère de sa mère, hérita de tous
les biens de celui-ci et dut ajouter à son nom et à
ses armes DE MERODE, le surnom et les armes DE
MEERTE), et de Dame Marguerite DE BREDERODE, fille
de Messire Wolfard DE BREDERODE, seigneur de Cloetinge
et Swammerdam, et sœur de Messire Renaud comte
DE BREDERODE, Vianen et Armuijde, chevalier de la
Toison d'Or et doyen de ce collège. Pierre DE MERODE
dit DE MEERTE était fils de Messire Jean DE MERODE,
chevalier, gentilhomme de la Chambre du Roi, membre
de Conseil Suprême de Guerre, lieutenant-général et
colonel d'un régiment d'infanterie, qui épousa Dame
Catherine DE MEERTE, sœur de Pierre DE MEERTE,
chevalier, libre seigneur d'Obbergem et de Steenhuffel :

« Nous soussignés Roij et Héraux d'Armes de Sa Majesté
Impériale et Catholique ès Pays-Bas, à Bruxelles résidant,
certifions et attestons comme nous certifions et attestons à la
Réquisition de Henrij Giles DE MEERTE Escuier, Seigneur
d'Obberghen en Molhem, Assche, Receveur général de l'Empereur et Roij Domaines de Brabant, fils unique de Messire
François DE MEERTE dit DE MERODE, Chevalier, Capitaine d'une
Compagnie d'infanterie Wallone au service de Sa Majesté Catholique, et de Damme Isabelle Marguerite DE MAILLEZ, qu'aiant
plus avant recherché diligemment les héraldiques Livres,
Archives, Épitaphes et anciennes Lettres selon la famille de
feu prédit Requérant, dans les mêmes Livres, Archives, Épitaphes,
anciennes Lettres, nous avons trouvé que son fils unique nommé
Jean François DE MEERTE dit DE MERODE escuier libre Seigneur
du dit Obberghen, lequel il a engendré de Dame Joanne VAN
DEN CLOOSTER, dame en Molhem, Assche, etc., son Épouse, est
dernier descendant hoir mâle provenant légitimement de père
en fils de Seigneurs DE MEERTE dit DE MERODE, qui sont descendu légitimement en ligne masculine de Messire Jan DE

MERODE, Chevalier, Gentilhomme de la Chambre du Roij de
son Conseil Suprême de guerre, et Lieutenant Général et Colonel
d'un Régiment d'Infanterie, lequel épousa Dame Catherine
DE MRERTE dernier hoir femelle de sa tres noble famille, dont
le fils étant nommé Chef et héritier de Messire Pierre DE
MEERTE, Chevalier, libre Seigneur d'Obberghen et de Steenuffel,
par son testament de date 1591, frère de sa dite Mère, a dut
adjouté le Surnom et les Armes DE MEERTE ci comme Messire
Pierre DE MEERTE dit DE MERODE, Chevalier, libre Seigneur du dit
Obbergen et de Steenuffel, gentilhomme de la Chambre du Roij
et Capitaine de sa Cavalerie de Alcaburos de gardu-corps, qui
fut le père grand de feu prédit Requérant et qui épousa Dame
Margriete DE BREDERODE, fille de Messire Wolfard, Seigneur
de Cloetinge et Swammerdam et frère de Messire Reinould
Conte DE BREDERODE, Viaene et de Armeyde. Chevalier de la
Toison d'Or et Doyen du dit Collége, et depuis ont porté leurs
Armes escartelé le premier et le dernier, l'Escu d'or à deux
bandes au Chef, eschequété d'argent et sable, les deux autres
d'azure à trois fleurs de lis d'argent qui est MEERTE de tout
temps, sur le tout d'or à quatre pals de gueles qui est ARRAGON,
d'où la très antique Maison et très illustre famille DE MERODE
et dessendu et tire son origine en ling directe du dits Roys
d'ARRAGON et ont porté les Armes au services de plusieurs
Monarques, et possédé de tout temps les premiers charges de
la Couronne, tant par leurs Combats et générosités dans les
guerres, que par les sang royales dont ils tirent leur origine,
n'aiant jamais faits des arts méchaniques ni de mésalliances,
mais ont été alliez au plus grandissimes Maisons, ayant aussi
été grands d'Espagne de la première Classe et Chevalier de
la toison d'or, et comme le fils du prédit Requérant est le
dernier hoir mâle de cette illustre race de Seigneurs DE MEERTE
dit DE MERODE, ainsi que ses lettres et titres font foi, Ce
pourquoi Nous Roij et Héraux d'Armes de Sa Majesté Impériale
et Catholique, afin que ces soit choses ferme et stable à toujour
ont examiné diligemment cette de point en point, selon suffisantes

preuves et sans les moindres contradictions , en foi de quoi nous avons signez cette de notre main propre et mis le Cachet ordinaire de nos Armes qu'en pareil cas nous sommes accoutumée d'emploier. Datum Bruxellis , le 3 d'Avril l'an de grace 1723.

L. van Ursel. R. de Grez.

La légalisation de ce diplôme par le Conseil Souverain de Brabant, en date du 3 Mai 1723, est signée : Subbinckx. ,

De ce mariage naquirent trois enfants baptisés à Sainte-Gudule :

1. Marie-Claire-Anne , le 13 Avril 1735 (Consultissimus Dominus Dominicus *Wouters* , grand'père — Domina Anna-Christina *Beauchamps* , nomine Dominæ Mariæ-Claræ *de Maillet*).

2. Marie-Thérèse-Françoise, le 28 Janvier 1737 (Reverendus Dominus Franciscus-Jacobus-Ignatius *van den Blocke* — Domicella Maria-Theresia *de Wyse* uxor Consultissimi Domini *Wouters* , grand'mère).

3. Jean-François qui suit.

IX. Jean-François de WOUTERS , capitaine de la Garde Bourgeoise de la ville de Bruxelles , admis au lignage de Roodenbecck , en 1774.

Baptisé à Saint-Gudule , le 27 Mai 1739 (Dominus Joannes-Franciscus *de Meerte* , oncle maternel — Dame Jeanne-Adrienne *van den Clooster* , dame d'Obbergem, grand'ère maternelle) , épousa à Sainte-Catherine de Bruxelles , le 11 Avril 1774 (Dominus Guilielmus *van der Meersche* , presbiter ac hujus Ecclesiæ Confessarius — Gérard-Michel *Fierens* — Ægidius *Stroobants* parochus proprius Sanctæ-Catharinæ Bruxellis),

Demoiselle Catherine-Jeanne VAN DER BEKEN, née à Bruxelles, le 22 Mai 1754 et y décédée le 25 Février 1837, fille de Jean-Frédéric et de Marie-Anne-Joséphine PIETTE.

Ils eurent quatre enfants baptisés à Saint-Géry :

1. Barbe-Caroline, née le 13 Mars et baptisée le 1 Avril 1775 (Gérard-Michel *Fierens* — Domina Barbara-Carolina *de Meerte* vidua Domini *Wouters*, grand' mère paternelle).

2. Gaspard-Florentin qui suit.

3. Élisabeth-Joséphine, le 9 Août 1780 (Pierre-Charles *van de Venne* — Élisabeth-Joséphine *Rosch*).

4. Nicolas-François-Joseph, le 18 Mai 1782 (Nicolas *Ausems* — Marie-Claire-Anne *de Wouters*, tante).

X. Gaspard-Florentin DE WOUTERS, baptisé à Saint-Géry de Bruxelles, le 30 Novembre 1778 (Gaspard *Lievens* — Florence *Vice-Domini*) et décédé à Bruxelles, le 26 Juillet 1833, y épousa le 15 Octobre 1812, Thérèse-Françoise-Caroline SWOLFS, née à Tessenderloo (Limbourg), le 20 Octobre 1776 et décédée à Bruxelles, le 17 Avril 1858, fille de Dominique-Antoine-Joseph et de Marie-Élisabeth SMETS.

Ils eurent trois enfants nés à Bruxelles :

1. Catherine-Jeanne, le 6 Avril 1814 et décédée à Bruxelles, le 12 Mai de la même année.

2. Charles-Joseph, le 28 Décembre 1815.

3. Pierre-Charles-Louis, le 4 Avril 1819.

Huitième Branche.

—

VIIbis. Henri DE WOUTERS , écuyer, bourgmestre de
la ville de Hasselt , fils de Dominique-Gérard et de Marguerite FORGET [1].

Baptisé à Sainte-Gudule de Bruxelles , le 8 Avril
1664 (Dominus Dominicus *Wouters* , grand'père —
Domina Barbara *van Caverson* uxor Domini Henrici
le Mire, Conciliarii et Receptoris Medionatorium Curium
pro servitio Catholicæ Suæ Majestatis) et décédé le
10 Décembre 1730 , il épousa à Hasselt , le 23 Août
1683 (Arnold *Vrerix*, bourgmestre de Hasselt — Frédéric
Vrerix), Barbe-Marie VRERIX , baptisée à Hasselt, le
29 Décembre 1659 et décédée le 29 Mai 1700 , fille
d'Arnold VRERIX , bourgmestre de Hasselt , et de Gertrude VAETS, et sœur d'Arnold VRERIX, aussi bourgmestre
de la ville de Hasselt et échevin de la Cour de Justice
de Vliermael ; petite-fille de Mathieu et de Barbe

---

[1] L'épée ornée de son blason , que la ville de Hasselt lui offrit,
fut toujours conservée à Houppertingen , par la famille BARTHO-
LEYNS , dans laquelle était entré sa fille Thérèse. Un plateau en
porcelaine, provenant de Henri WOUTERS et également orné de son
blason, est aujourd'hui en la possession de M. Charles WOUTERS à
Anvers, qui descend de Chrétien WOUTERS , avocat au Conseil Souverain de Brabant , oncle du bourgmestre de Hasselt et auteur de
la sixième branche. Un grand plateau en argent, qui était en 1845
encore, en la possession d'un membre de la famille BARTHOLEYNS à
Houppertingen, beau-frère de M. J. W. A ELIJBEN à Tongres, portait
également les armes ciselées de la famille WOUTERS.

Usselinckx de Bruxelles ; arrière-petite-fille de Frédéric et de Marie van Melbeeck [1].

Ils eurent huit enfants baptisés à Hasselt :

1. Marie-Marguerite, le 7 Octobre 1684 et décédée le 23 Mai 1723. épousa à Hasselt, le 19 Février 1721, Pierre ROELANTS, bourgmestre de la même ville, qui épousa en secondes noces Marie-Élisabeth WIDDENHORST.

Ils eurent une fille unique :

Catherine-Thérèse ROELANTS, née à Hasselt, le 16 Mai 1723, épousa N. VERMEYLEN de Tongres.

2. Arnold-Henri-Gérard qui suit.

3. Thérèse, décédée sans postérité, le 18 Décembre 1738, épousa Georges-Jean BARTHOLEYNS, écoutête ou mayeur à Houppertingen (Limbourg), né à Jamines en 1684 et décédé le 13 Novembre 1742, veuf en premières noces, avec quatre enfants, d'Anne-Élisabeth QUAETPERTS d'Entbroeck, et fils de Jean BARTHOLEYNS et de Catherine DE LA TOUR de Xhendremaal (Liège) ; petit-fils de Georges et d'Anne EIJBEN ; arrière-petit-fils de Robert BARTHOLEYNS, notaire et bourgmestre à Jamines, et d'Anne BARTHOLEYNS, qui était sœur de Charles qui épousa Anne DE HINNISDAEL, de Henri qui épousa Martine MOREAU-DE VILHEYN et de Jean qui

---

[1] On trouve un fragment généalogique de la famille VRERIX dans la *Collection de Tombes, Épitaphes et Blasons recueillis dans les églises et couvents de la Hesbaye,* du Baron Léon DE HERCKENRODE. Les VRERIX s'allièrent aux familles VAN MELBEECK, DE GELOES, COX, CLAES, VOSKENS, DE BORMAN, HEYLEVEN, USSELINCKX, VAETS, WOUTERS, WILSENS, DE VISÉ, BROECKMANS, SCHATS, VAN DER BEKEN-PASTREL et SWENNEN.

épousa Gertrude D'OMALIA , et fille de Wautier BAR-
THOLEYNS et de Marie DE HEERS [1].

4. Dominique-Jean, le 12 Juin 1690. Il entra dans
le couvent des religieux-récollets à Hasselt.

5. Dominique-Mathieu , le 29 Novembre 1692 et
mort jeune.

6. Dominique-Frédéric , le 4 Avril 1694 et mort jeune.

7. Marie-Gertrude , le 4 Septembre 1695 et décédée
sans alliance, à Hasselt , le 5 Janvier 1731.

8. Jean-Baptiste , le 27 Janvier 1698 et décédé sans
alliance.

VIII. Arnold-Henri-Gérard DE WOUTERS , baptisé
à Hasselt, le 2 Juillet 1686 et décédé à Maestricht,
le 23 Juin 1720 , épousa en cette dernière ville,

----

[1] Les BARTHOLEYNS furent admis dans la noblesse de Belgique,
par arrêté royal du 19 Mars 1857, en la personne de M. Pierre-
Jean-Joseph BARTHOLEYNS . secrétaire de la Légation de Belgique
à Francfort, qui épousa la fille de M. GRATTAN , gentilhomme
de la Chambre de Sa Majesté Britannique. La généalogie de
la famille BARTHOLEYNS se trouve dans la *Collection de Tombes,
Épitaphes et Blasons recueillis dans les églises et couvents de
la Hesbaye*, par le Baron L. DE HERCKENRODE. Les BARTHOLEYNS
s'allièrent aux familles SCOYEN , DE HEERS, D'OMALIA , DANIELS,
GHIJSEN , LAMBRECHTS , MOREAU-DE VILHEYN , GERINX , VAN DEN
EDELRAMPT , MCKBIERS , DE HINNISDAEL , TIECKEN , LIEBENS,
SWENNEN , BOSCH , VAN DER HOEVEN , POËLMANS , VAN BRIENEN,
POILVACHE, VAES, BELLEFROID, VAN DEN BORNE, VAN DER HEIJDEN,
EIJBEN , VAN DER BORCHT , QUAETPERTS , DE FISEN , LOOSEN,
VAN DER NOOT , DE LA TOUR , PLEVOETS , HENNIN , WOUTERS,
HOLLANDERS , CLAES , HOUBAERS , VAN MOL , DE FASTRÉ , JANNÉ,
MAÎTRE-JEAN , FRÈRE , COPIS , BOISROBERT, BACLÉ et GRATTAN.

Apolline-Marie DE CLERCX, décédée à Maestricht, le 26 Juillet 1739, sœur de Jean-Nicolas DE CLERCX, conseiller à la Chambre des Comptes de la principauté de Liége, qui épousa Lambertine FASSIN-DE FÉCHIER, et fille de Jean-Guillaume et de Marie-Jeanne CLOSSET, qui était fille de Nicolas CLOSSET et d'Alide DES BRASSINES, sa seconde femme; petite-fille de Mathieu CLERCX et de Marie DE STEMBIER, qui était sœur de Guillaume DE STEMBIER, bourgmestre de la cité de Liége; arrière-petite-fille de Jean et de Béatrix VAETS, fille de Mathieu et d'Agnès VOSKENS. Ce Jean était fils de Jean CLERCX, bourgmestre de Hasselt en 1578, et de Marie LOCHMANS [1].

Il procréa trois filles nées à Maestricht :

1. Marie-Barbe, le 24 Mai 1717, morte en couches, le 6 Février 1759 et inhumée à Hasselt, épousa en cette dernière ville, le 4 Février 1755, Mathieu DE BRAUWER, qui épousa en secondes noces Barbe-Robertine VAN NES, fille de Gérard-Arnold et de Barbe-Gertrude VOSKENS, qui était fille de Balthasar et d'Anne-Robertine VRERIX, fille elle-même de Jean-René VRERIX, bourgmestre de la ville de Hasselt, et d'Anne-Marie CLAES, et petite-fille de Frédéric VRERIX et d'Élisabeth DE GELOES.

---

1. La famille CLERCX de la Hesbaye s'allia aux familles LOCHMANS, VAETS, DE STEMBIER, MONAERT, DE SAROLEA, CLOSSET, VAN LEYEN, DE TRAPPÉ, FASSIN-DE FÉCHIER, WOUTERS, AERTS, DE HOLLOGNE, VAN DER SMISSEN, VAN DER MEER, BERDEN et EIJBEN. Elle donna un bourgmestre à la ville de Hasselt et un à la cité de Liége (Voir : de HERCKENRODE. Ouvrage cité).

2. Marie-Marguerite, le 26 Avril 1718, mourut supérieure d'un couvent de Maesijck.

3. Marie-Thérèse-Arnoldine , le 24 Avril 1720.

Neuvième Branche.

VII^{ter}. Jean-Baptiste-Barthélemi WOUTERS , écuyer , fils de Dominique-Gérard et de Marguerite FORGET.

Baptisé à Sainte-Catherine de Bruxelles, le 12 Novembre 1669 (Dominus Bartholomeus *le Mire* , oncle paternel — Barbe *van Caverson*) , décédé le 25 Janvier 1721 , noyé par accident dans le canal de Bruxelles , il épousa à Notre-Dame-Sud d'Anvers , le 12 Décembre 1690 (Christophe *Castano* , époux de Susanne VAN UFFELS , — Paul *Everaerts*), Cornélie SCHUYL, baptisée à Notre-Dame-Nord d'Anvers , le 14 Octobre 1669 , sœur de Pierre SCHUYL , chanoine de Saint-Jacques d'Anvers , et fille de Jacques et de Susanne VAN UFFELS , fille de Léonard VAN UFFELS, receveur des droits de Sa Majesté au Fort-Marie , et de Susanne STOCKMANS , qui était sœur de Henri STOCKMANS qui épousa Anne WOUTERS , fille de Dominique WOUTERS , maître-particulier de la Monnaie à Anvers , et de Jeanne VAN LIEBEECKE. Cornélie SCHUYL était petite-fille de Jean et de Marguerite VAN DEN EYNDE , fille de Jean et de Marguerite SPORON ;

elle était arrière-petite-fille de Thomas Schuyl et de Hélène van de Wiele [1].

Il eurent huit enfants :

1. Jean-Baptiste-Jacques qui suit.

2. Dominique-Jacques , baptisé à Notre-Dame-Sud d'Anvers , le 21 Septembre 1692 (Dominique-Gérard *Wouters* , grand'père , remplacé par Jacques *Schuyl* , grand'père maternel — Susanne *van Uffels*, grand'mère maternelle) , mort jeune.

3. Marie-Anne-Claire , baptisée à Notre-Dame-Sud d'Anvers, le 24 Septembre 1693 (Pierre *Schuyl*, oncle — Marguerite *Forget* , grand'mère paternelle , remplacée par Catherine-Cornélie *Rogiers* , cousine) , épousa Roger REYMENICH.

Ils eurent :

A. Antoinette-Jeanne REYMENICH , née le 17 Février 1725 , épousa Jean de WEERT.

B. Cornélie-Marie REYMENICH , épousa Jean-Louis GUILLAUME, receveur de Santvliet (Anvers).

4. Dominique-Jacques , baptisé à Notre-Dame-Nord d'Anvers, le 13 Juin 1697 (Dominique-Jacques *Wouters* , oncle — Jeanne *de Winter* , épouse d'Arnold *van Uffels)* , mort jeune.

5. Abraham , baptisé à Saint-Jacques d'Anvers , le 12 Juin 1701 (Abraham *Stuyck* — Élisabeth *de Nys)*.

---

[1] Les Schuyl s'allièrent aux familles van den Bemde , van den Berge, Boecx, Boots, de Bot, van den Eynde, van Landonck, Loomans, Munninckx, van Uffels, van de Wiele, Wissels, Wouters et van Zeumen de Bruxelles.

6. Marguerite-Antoinette, née à Bruxelles et décédée en Mai 1772, épousa à Notre-Dame-Nord d'Anvers, le 20 Juin 1741 (Josse *Oste*, clerc de la paroisse — François *Janssens*), Antoine DE WIT.

7. Jacques, mort jeune.

8. Ferdinand-Ignace qui est l'auteur de la douzième branche.

VIII. Jean-Baptiste-Jacques WOUTERS, receveur de Sa Majesté dans la Campine, baptisé à Notre-Dame-Sud d'Anvers, le 2 Septembre 1691 (Jean-Baptiste *Rogiers*, oncle maternel — Susanne *van Uffels*, grand'mère maternelle), épousa à Sainte-Catherine de Bruxelles, le 25 Août 1712 (Reverendus Dominus Joannes *Boeckx* presbiter, cousin maternel — Jean-Baptiste-Barthélemi *Wouters*, père), Marie-Madeleine VAN DER MOEREN, baptisée à Saint-Géry de Bruxelles, le 25 Juillet 1689, fille de Simon-Richard VAN DER MOEREN, seigneur de Wilsele, Putte, Nieuwenrode, Thielt, Rillaer, Messelbroeck, Spelhoven, Rommersom et en Grimberghe, et de Jeanne EYCKEMANS, sa première femme [1];

---

[1] Simon-Richard VAN DER MOEREN épousa en secondes noces, par contrat du 27 Novembre 1706, Marguerite-Thérèse VAN DOETINGHEM, fille de Jean-Jacques-Pacifique VAN DOETINGHEM, seigneur d'Asschereyne et de Wulfshaeghe, et de Catherine VAN DINTERE, sa première femme; petite-fille de Philippe-Guillaume VAN DOETINGHEM, seigneur d'Ursel, drossard, lieutenant des fiefs et maître des garennes du pays et de la baronnie de Grimberghe, et d'Alardine-Thérèse TAYE, fille d'Engelbert TAYE, baron de Wemmel, et de Jacqueline DE RODOAN-DE BERLEGHEM, sa seconde femme.

petite-fille de Jean et de Lutgarde VAN DER BEKEN dite PASTEEL, fille de Jean VAN DER BEKEN dit PASTEEL, seigneur de Ter Heyden et de Linden , receveur des États de Brabant au Quartier de Bruxelles, et d'Anne VAN DER TOMMEN, dame d'Oplinter et de Wilsele [2].

Ils eurent onze enfants :

1. Jean-Baptiste-Richard , baptisé à Bruxelles , le 15 Septembre 1713 et décédé le 3 Octobre de la même année.

2. Jean-Baptiste, né le 2 et baptisé à Sainte-Catherine de Bruxelles, le 3 Septembre 1715 (Jean-Baptiste-Barthélemi *Wouters* , grand'père — Marie-Anne-Claire *Wouters*, tante), épousa à Ostende , le 11 Mai 1739 (Liévin *Grenier* — Jacques *Verbrugge)* , Jeanne-Catherine ISENBRANT, baptisée à Ostende, le 20 Mai 1718 , fille de Michel et de Marie VAN HEULE.

Ils eurent trois fils :

A. Jean-Baptiste , né à Stekene (Flandre-Orientale), au mois d'Août de l'année 1741.

B. Pierre , mort jeune.

C. Un troisième fils , mort jeune.

3. Marie *alias* Marie-Thérèse , baptisée à Saint-Géry

---

2 La famille VAN DER MOEREN fut une des plus anciennes et des plus considérables du pays. Elle s'allia aux familles VAN DE WOESTYNE, DU BOIS dit VAN DEN HAUTE, DE RAVESCHOT, VAN DER NOOT, VAN BERCHEM, VAN CRUYNINGHEN, D'AUXI, DE GHISTELLES, 'T SERSANDERS dit DE LUNA, DE GAVRE, DE COUDENHOVE, DAMMAN, DE MUNTE, DE MONPRÉ, DE GRUUTERE, DE MOERBEKE, TRIEST, VAN DER BEKEN dit PASTEEL, EYCKEMANS, VAN DOETINGHEM et WOUTERS.

de Bruxelles, le 26 Février 1718 (Dominus Michaël-Jacobus *de Bergery*, Baro de Sausay — Domina Maria *de Duthet*), épousa à Notre-Dame-Nord d'Anvers, le 26 Août 1742 (Jean-Baptiste-Jacques *Wouters*, père — Josse *Oste*, clerc), Charles-Jean HOUBRAKEN d'Ettentenhove sous Eeckeren (Anvers), décédé à Anvers, le 3 Septembre 1776 et inhumé au cimetière de Notre-Dame.

Ils eurent sept enfants :

A. Jean HOUBRAKEN.

B. Anne-Marie-Caroline HOUBRAKEN, née à Diest, vers 1749, épousa à Sainte-Walburge d'Anvers, le 23 Mai 1787 (Albert-Joseph *Maes* — Gérard-François *Houbraken*, frère), Guillaume RENS, né vers 1743.

C. Marie-Albertine-Joséphine-Thérèse HOUBRAKEN, née à Diest, vers 1751, épousa à Sainte-Walburge d'Anvers, le 31 Mars 1788 (Guillaume *Rens*, beau-frère — Lambert *Wouters*), Gérard-Joseph WOUTERS, y baptisé à Notre-Dame-Sud, le 18 Février 1763, fils de Lambert-Joseph et de Jeanne-Élisabeth JANSSENS.

Il épousa en secondes noces, à Saint-Jacques d'Anvers, le 8 Juillet 1794 (Sébastien *Gombeer*, père — Lambert-Joseph *Wouters*, père), Anne-Marie GOMBEER, baptisée à la même église, le 15 Octobre 1768, fille de Sébastien et de Catherine VAN COL de Geldorp.

D. Gérard-François HOUBRAKEN, né à Diest, vers 1754, épousa à Sainte-Walburge d'Anvers, le 24 Juin 1787 (Albert *Dierckx* — Adrien-Pierre *Houbraken*, frère), Anne-Marie DIERCKX, baptisée à Notre-Dame-

Nord , le 30 Septembre 1760 , fille d'Albert-Jacques et d'Anne-Élisabeth Neijs.

E. Marie-Barbe HOUBRAKEN , née à Wavre , vers 1756, épousa à Notre-Dame-Sud d'Anvers, le 9 Avril 1782 (Antoine *Myin* — Gérard-François *Houbraken* , frère), Alexandre MYIN , baptisé à la même église , le 15 Septembre 1756, fils d'Antoine et de Pétronille-Thérèse Cools.

F. Adrien-Pierre HOUBRAKEN.

G. Albert HOUBRAKEN.

4. François , né le 21 et baptisé à Tirlemont , le 22 Décembre 1720 (François *van Herberge* — Demoiselle Anne-Élisabeth *van Buggenhout)* , épousa à Gheel, le 10 Juin 1741 , devant le Révérend F. Aulaerts, pléban de Saint-Rombaut à Malines (Jean-Baptiste *Wouters*, frère — Reverendus Dominus Guilielmus N.), Marie-Thérèse AERTS , baptisée à Gheel , le 4 Septembre 1716 , fille de Jean-Baptiste et d'Isabelle van den Poel.

5. Hubert-Ignace , né le 5 et baptisé à la Clinge (Flandre Orientale) , le 6 Décembre 1722 (Hubert *van den Bosch* — Jeanne *Wittenvronghel)*, mourut jeune à Arendonck et y fut enterré au cimetière , devant l'image du Christ.

6. Anne-Catherine, née le 17 et baptisée le 18 Août 1724 (Liévin *van Rempst* — Anne-Marie *van Landeghem)* , décédée sans alliance , à l'âge de vingt ans et enterrée à la Clinge.

7. Pierre-Dominique-Corneille , né le 22 et baptisé à Saint-Nicolas (Waes), le 24 Août 1725 (François-Denis *van der Moeren*, remplacé par Jean-Pierre *Quartier*

— Cornélie *Schuyl*, grand'mère paternelle), décédé le mois suivant et enterré dans la même ville.

8. Catherine-Isabelle, née et baptisée à Saint-Nicolas, les mêmes jours que le précédent (Jean-Antoine *de Wever*, remplacé par Marie *Seghers* — Catherine *Geyssens*), décédée également le mois suivant et enterrée dans la même ville.

9. Jean-Michel, baptisé à Arendonck (Anvers), le 30 Janvier 1729 (Michel *Zacharias* — Marie *Vaes* pour Deliane *Bleys*), mort jeune.

10. Marie-Julienne-Joséphine, née le 27 et baptisée à Arendonck, le 28 Mars 1732 (Jean-François *Cordeijs* — Marie-Julienne-Joséphine *de Lander*), décédée à Malines, le 17 Janvier 1788, épousa à Notre-Dame de Malines, le 16 Juin 1756 (Jean-Baptiste-Jacques *Wouters*, père — Jean-Baptiste *Joffroy*), Maître Pierre PICARD, notaire et procureur au Grand-Conseil de Malines, baptisé à Saint-Rombaut de cette ville, le 24 Avril 1733, fils de Jean-Baptiste et de Marguerite CARTIAU.

Il était frère de Guillaume-François-Joseph PICARD, notaire, procureur et garde-sacs au Grand-Conseil de Malines; député par le Grand-Conseil à Bruxelles et nommé par lui expéditeur en chef de ses protocoles; arrêté par les patriotes de 1789, avec ses trois fils et conduit en prison; décédé à Vienne, en 1803. Guillaume-François-Joseph fut père de Jean-Antoine-Joseph PICARD, avocat au Grand-Conseil, et de Pierre-François-Joseph PICARD, notaire et expéditeur-adjoint des protocoles du même Conseil.

Ils eurent sept enfants baptisés à Malines :

A. Marie-Madeleine-Joséphine PICARD , à Notre-Dame , le 11 Avril 1757 (Jean *Picard*, grand'père — Marie-Madeleine *van der Moeren*, grand'mère maternelle), décédée à Malines, le 22 Novembre 1763.

B. Marie-Marguerite-Joséphine PICARD , à Notre-Dame, le 31 Août 1759 (Guillaume-François *Picard*, oncle — Marie-Marguerite *Cartiau*, grand'mère paternelle).

C. Charles-Alexandre-Aloys PICARD , à SS. Pierre et Paul , le 4 Novembre 1761 (Maître Alexandre *Mertens* — Marie-Catherine *Picard*, tante).

D. Anne-Marie-Joséphine PICARD, à SS. Pierre et Paul , le 27 Mars 1764 (Jean *Picard*, grand'père — Anne-Marie *Lanckveldt*, épouse de Guillaume-François-Joseph PICARD, tante).

E. Anne-Catherine-Joséphine PICARD , à SS. Pierre et Paul, le 20 Octobre 1766 (Gilles-Martin *Benekendorff* — Anne-Catherine *van Nieuwendael*).

F. Guillaume-François-Joseph PICARD , éditeur du *Journal de Bruxelles*, baptisé à SS. Pierre et Paul, le 10 Février 1769 (Maître Guillaume-François-Joseph *Picard*, oncle — Demoiselle Isabelle-Françoise *Gaillard*) et décédé à Bruxelles, le 1 Mars 1826, épousa Marie-Thérèse-Joséphine FIOCARDO . née à Mons, le 22 Avril 1754 et décédée, rentière, à Bruxelles, le 26 Mars 1843 , fille de Pierre-Antoine et de Marie-Anne-Caroline TAHON.

G. François-Ignace-Ferdinand-Marie PICARD , à SS. Pierre et Paul, le 29 Mai 1773 (Magister Franciscus-Ignatius-Antonius *Speelman* , advocatus — Marie-Marguerite-Joséphine *Picard*, sœur aînée).

.11. Antoinette-Jeanne, baptisée à Arendonck, le 22 Août 1734 (Jean *Wouters*, frère — Marguerite-Antoinette *Wouters*, tante), morte jeune.

Dixième Branche.

VII^{quater}. Jacques-Charles-Ignace WOUTERS, écuyer, greffier et secrétaire de la ville de Bruxelles, fils de Dominique-Gérard et de Marguerite FORGET.

Baptisé à Sainte-Gudule de Bruxelles, le 29 Septembre 1673 (Amplissimus Dominus Jacobus-Franciscus *van Caverson* in Concilio Supremo Brabantiæ Regius Senator, seigneur de Witterzee et Assonville, cousin — Domina Barbara *van Caverson*, vidua Amplissimi Domini *le Mire*, tante), épousa à Sainte-Catherine de Bruxelles, le 3 Mai 1704 (Henri *Wouters*, frère — Ambroise *Hellinckx*), Demoiselle Anne-Françoise DE FUENTES Y CASTILLO, d'une illustre famille d'Espagne, baptisée à Saint-Jacques d'Anvers, le 30 Mai 1681, sœur de Jean-Baptiste DE FUENTES Y CASTILLO, capitaine de carabiniers, chevalier des ordres de Saint-Lazare et du Mont-Carmel, qui épousa Marie-Rose CORETE, et fille de Don Raphael-François DE FUENTES Y CASTILLO, officier espagnol, et d'Anne-Martine DE LATTRE, sa seconde femme ; petite-fille de Don Philippe et de Béatrix DE TOLEDO. Don Raphael-François était frère de Don Louis DE FUENTES Y CASTILLO, qui épousa à Anvers, Marie-Anne DE PAZ Y FONSECA [1].

---

[1] Cette branche des FUENTES Y CASTILLO s'allia aux familles

Ils eurent neuf enfants baptisés à l'église de Finisterre, à Bruxelles :

1. Jeanne-Christine, née le 23 et baptisée le 24 Juillet 1708 (Dominus Joannes-Baptista *de Fuentes y Castillo*, oncle — Dame Anne-Martine *de Lattre*, grand'mère maternelle).

2. Jeanne-Joséphine-Gabrielle, le 18 Juillet 1709 (Dominus Guilielmus *Wouters*, juris utriusque licentiatus et advocatus Supremæ Curiæ Brabantiæ, grand'oncle — Demoiselle Jeanne-Françoise *Wouters*, tante).

3. Guillaume-Jacques, le 15 Octobre 1710 (Dominus Guilielmus *de Lattre* — Dame Marguerite *de Villa-Vicentio-d'Escaudeuvres*, cousine).

4. Guillaume-François, le 4 Janvier 1712 (Dominus Guilielmus-Franciscus *le Mire*, juris utriusque licentiatus, cousin — Domicella Anna-Maria *van Cotthem* uxor Domini ac Magistri Joannis-Josephi *Hatrival*, advocati).

5. Dominique-Joseph qui suit.

6. Isabelle-Françoise, née le 11 et baptisée le 12 Janvier 1714 (Dominus Joannes-Ernestus *de Bie*, chef-drossard du pays et de la baronnie de Gaesbeeck — Domicella Margareta-Isabella *Wouters*, vidua Domini Francisci-Petri *de Nieulant-Bruane*, cousine).

7. Marie-Thérèse, née le 25 Avril et baptisée le

23 Mai 1717 (Prænobilis Dominus Guilielmus *de Lattre* — Demoiselle Anne-Marie *van Wonsel* — Demoiselle Barbe *Wouters*, tante).

8. Jean-Joseph, le 5 Novembre 1718 (Dominus Joannes *Huys*, seigneur de Thy, Vreckhem, Hattain et Bois-Saint-Jean — Demoiselle Anne-Marie *Wouters*) et décédé sans postérité, épousa à Saint-Nicolas de Bruxelles, le 12 Décembre 1741 (Reverendus Dominus Rupertus *Beydaels*, chapelain de Sainte-Gudule — Jacques *Wouters*, père), Claire-Barbe-Philippine BEYDAELS, née le 2 Février 1718 et décédée sans postérité, le 10 Mai 1770, fille unique de Jean-Baptiste-Rupert et de Barbe DE VOS.

Elle épousa en secondes noces, à Saint-Géry de Bruxelles, le 22 Mai 1765, Benoit-Jacques-Antoine Powis, seigneur de Ten Bossche, patricien de Bruxelles, licencié ès lois, admis au lignage de 'T SERHUYGHS, né à Bruxelles, le 4 Avril 1732 et y décédé le 9 Avril 1795, fils de Jacques-Benoit POWIS, chevalier, seigneur de Heusden, Westmalle, Zoersel, Ten Bossche, secrétaire de Sa Majesté Impériale au Conseil de Brabant, anobli par lettres patentes de l'empereur Charles VI, du 24 Août 1732, et de Catherine-Cécile-Carcline VAN HALEWYCK.

Benoit-Jacques-Antoine POWIS épousa à son tour en secondes noces, à l'église de Finisterre à Bruxelles, le 1 Décembre 1770, Marie-Catherine DE MOOR-DE MENTOCK, y baptisée à l'église Saint-Nicolas, le 27 Décembre 1749 et y décédée, le 15 Avril 1828, fille de Dominique-Joseph DE MOOR-DE MENTOCK, archer de la garde du corps aux Pays-Bas, et de Marie-Thérèse-Catherine 'T Serraerts, sa deuxième femme [1].

9. Raphael-Thomas, le 15 Septembre 1721 (Thomas *Barnaba*, cousin paternel — Domina Maria-Rosa *Corete* uxor Prænobilis Domini Joannis *de Fuentes y Castillo*, tante maternelle).

VIII. Dominique-Joseph DE WOUTERS, écuyer, qualifié baron de Mombeeck [2], commandeur de l'Ordre des SS. Michel et Lazare.

Baptisé à l'église de Finisterre, à Bruxelles, le

---

[1] Les BEYDAELS furent seigneurs de Zittaert. Ils s'allièrent aux familles d'ARSCHOT-DE ROTSELAER, VAN CAVERSON, DOUGLAS-DE SCHOT, FRANCOLET, GEMINI, GOUPY-DE QUABEECK, VAN HALEWYCK, DE MOOR, POWIS- DE TEN BOSSCHE, SANCHEZ- DE AGUILAR, DE VOS et WOUTERS.

[2] La seigneurie de MOMBEECK était située près de Hasselt. Elle comprenait deux propriétés primitivement très-distinctes, appelées Grand-Mombeeck et Petit-Mombeeck. En 1367, Jean WOUTERS de Petit-Mombeeck releva avec ses frères Gautier et Arnold WOUTERS, à la noble salle de Curange, la propriété de Petit-Mombeeck et la Cour des Tenants de Melbeeck, après la mort de leur père Gautier DE MOMBEECK. Le 12 Août 1420, les mêmes biens furent relevés à la même salle, par Gautier DE PETIT-MOMBEECK, en suite de la mort de son frère Arnold DE PETIT-MOMBEECK. Le 7 Mai 1437, Jean DE MOMBEECK, fils de Jean DE PETIT-MOMBEECK, releva douze bonniers de terre à Petit-Mombeeck, avec Gautier DE PETIT-MOMBEECK, Jean WOU-TERS, frère dudit Gautier et Gisbert VAN DER TOMMEN. Enfin, en 1485, Guillaume DE PETIT-MOMBEECK et son frère Arnold WOUTERS relevèrent des biens qui avaient été relevés précé-demment (en 1477), par leur père Gautier DE PETIT-MOMBEECK. Ce n'est que comme simple renseignement que nous donnons cette note, sans en rien préjuger en faveur de la famille WOUTERS *dite* DE WESTPHALIE, car, à Hasselt seul, il y eut trois familles différentes du nom de WOUTERS.

26 Décembre 1712 (Consultissimus Dominus Dominicus *Wouters*, advocatus, cousin — Demoiselle Jeanne-Lucie-Marie *van Reynegom*, dame d'Esseloo), il décéda sans alliance, à Liége, le 25 Janvier 1772 et fut inhumé dans l'église Saint-Servais de cette ville :

Nous soussigné Messire Barthélemi Joseph JAERENS, premier et plus ancien Roi d'Armes provincial de S. M. l'Imp^ce. Douairière et Reine Apostolique en ces Pays-Bas et Bourgogne à titre de ses provinces et Duchez de Lothier et de Brabant et du Marquisat du St. Empire, certifions et déclarons à tous ceux qu'il appartiendra, que les Armoiries ci-dessus dépeintes sont celles de l'Ancienne et Noble famille DE WOUTERS, originaire de Westphalie, dont le quartier a été admis à l'ordre Teutonique, nommément pour personne de Rodolphe DE WOUTERS, Commandeur de Rosiel en Prusse en 1451, à l'ordre de St. Michel et de St. Lazare pour celle de Dominique DE WOUTERS, Baron de Monbeck, Commandeur des mêmes Ordres, batisé en l'Église paroissiale de N^re. Dame de Finisterre a Bruxelles le 26 Décembre 1712, et mort à Liége le 25 Janvier 1772, de quelle famille est issue Dam^lle. Isabelle Françoise WOUTERS, fille légitime de Jaques WOUTERS, Écuier, Greffier de la Ville de Bruxelles et de Dame Anne Françoise DE FUENTES Y CASTILLO, d'une illustre famille d'Espagne ; selon qu'il nous est apparu par son Extrait batistaire dépêché le 24 Juillet 1753, signé P. G. ASTUER, vicaire de l'Eglise paroissiale de Notre Dame de Finisterre à Bruxelles, ainsique de celui de son frère Dominique DE WOUTERS, Commandeur susdit, signé en 1769 le 11 Octobre par T. C. TROMPERT vice curé de la dite Paroisse, en foi de quoij nous avons à la Réquisition de la dite Dem^lle. Isabelle Françoise WOUTERS, signé la présente pour lui servir au besoin ainsi que de droit, et l'avons muni du scel de Notre Charge Royale à Bruxelles ce 21me Décembre 1778.

signé) B. J. JAERENS.

Onzième Branche.

—

VIIbis. Chrétien WOUTERS, grand-aumônier de la ville d'Anvers, administrateur de la chapelle de la Vierge à l'église Notre-Dame, fils de Simon et d'Anne-Catherine DE MAN.

Baptisé à Saint-Jacques d'Anvers, le 11 Mai 1687 (Dominus Christianus *de Ridder*, second époux de sa grand'mère — Demoiselle Marie *de Ceuster*, pour Demoiselle Anne *van der Stock*), il décéda le 30 Juin 1753, ayant épousé à Notre-Dame-Sud d'Anvers, le 5 Février 1708 (Juste *Forckhoudt*, oncle — Jordan *van Herck*, cousin), Demoiselle Susanne *alias* Susanne-Marie FORCKHOUDT, baptisée à la même église, le 9 Juillet 1689 et décédée le 27 Juin 1752, sœur de Marie FORCKHOUDT, l'épouse d'André-Melchior VAN KESSEL, échevin, conseiller-pensionnaire et premier secrétaire de la ville d'Anvers, qui obtint réhabilitation de noblesse et anoblissement pour autant que de besoin, par lettres patentes du 7 Août 1725; et de Lucie FORCKHOUDT, l'épouse de Pierre DE COEN, secrétaire de la ville d'Anvers, capitaine de la garde bourgeoise, auditeur militaire, juge fiscal, qui obtint le titre de chevalier du Saint-Empire, avec confirmation et approbation d'armes et concession d'une couronne au lieu de bourlet, par diplôme de l'empereur Charles VI, du 8 Juillet 1714.

Elle était fille de Melchior Forckhoudt et d'Ursule van den Greyn, qui était fille d'Isaac et d'Ursule van den Wouwer; petite-fille de Guillaume Forckhoudt et de Marie Lemmens, et arrière-petite-fille de Melchior et d'Anne Wolfhecker [1].

Chrétien WOUTERS git avec son épouse, ses parents et deux de ses frères, à l'église Saint-Jacques d'Anvers [2].

Ils eurent neuf enfants baptisés à Anvers :

1. Susanne-Justine, née le 11 et baptisée à Notre-Dame-Sud, le 12 Novembre 1708 (Juste *Forckhoudt*, oncle — Ursule *van den Greyn*, grand'mère maternelle) et décédée le 18 Mai 1766, épousa à la même église, le 2 Mars 1737 (Dominus Christianus *Wouters*, Elee-mosynarius, père — Dominus Rumoldus *Torfs*, père), Jean-Baptiste TORFS, né à Lierre, le 13 Janvier 1712 et décédé à Anvers, le 9 Février 1779, fils de Rombaut TORFS, trésorier de la ville de Lierre, et d'Anne VERHAEGEN, sa première femme ; petit-fils de Gom-maire et d'Hélène BEKA [3].

Ils gisent à l'église Saint-André d'Anvers, sous une pierre tumulaire portant l'inscription suivante :

---

[1] Les FORCKHOUDT étaient d'origine allemande et s'établirent à Anvers au commencement du dix-septième siècle. Ils s'allièrent aux familles WOLFHECKER, LEMMENS, VERMOELEN, VAN DEN GREYN, VAN BEDTS, VAN KESSEL, DE COEN et WOUTERS.

[2] Voir l'épitaphe reproduite à la page 64 de ce volume.

[3] Cette famille TORFS s'allia aux BEKA, VERHAEGEN, DE KINDER, WOUTERS, VAN DALLWICH, VERTOMMEN, VAN LERIUS, VAN CAU-WENBERGH et PAUWELS.

D.   O.   M.

Hic jacent

JOANNES BAPTISTA TORFS

et

SUSANNA JUSTINA WOUTERS

Conjuges

obiit ille 9 Feb. 1779

illa vero 18 May 1766

eorumque liberi

R. I. P [1].

Ils eurent sept enfants baptisés à Notre-Dame-Sud d'Anvers.

a. Rombaut-Joseph-Marie TORFS , bourgmestre de la ville d'Anvers, baptisé le 21 Décembre 1737 (Rombaut *Torfs*, grand'père — Anne-Marie *Wouters*, tante, pour Susanne-Marie *Forckhoudt*, grand'mère maternelle) et décédé à Anvers, le 14 Brumaire de l'an 14 (5 Novembre 1805), y épousa, devant le chanoine Louis WOUTERS, son oncle, le 19 Août 1763, à l'église Sainte-Walburge (Reverendus admodum Dominus Joannes-Franciscus *de Schutter* pastor in Waerloos — Charles *Possemiers*), Thérèse-Pétronille-Françoise van DALLWICH, née à Ter Goes (Hollande), en 1739 et décédée à Anvers, le 5 Juin 1810, fille de Jean-Michel et de Jeanne van CANTFORT. Elle était sœur de Pétronille-Marie-Joséphine van DALL-

---

[1] *Inscriptions Funéraires et Monumentales de la province d'Anvers.* T. III. p. 42.

VAN DER BEKEN.
(p. 122.)

VRERIX.
(p. 123.)

BARTHOLEYNS.
(p. 124.)

DE CLEROX.
(p. 126.)

SCHUYL.
(p. 127.)

VAN DER MOEREN.
(p. 129.)

BEYDAELS.
(p. 137.)

FORCKHOUDT.
(p. 140.)

TORFS.
(p. 141.)

WICH, qui épousa Emmanuel-François-Joseph ARAZOLA-DE ONATE-DE PEUTEGHEM, écoutête de la ville de Lierre.

B. Chrétien-Simon TORFS, le 19 Août 1739 (Dominus Christianus *Wouters* Eleemosynarius, grand'père maternel — Hélène-Thérèse *Torfs*).

C. Isabelle-Françoise TORFS, le 13 Décembre 1740 (Reverendus Dominus Jacobus-Joannes *Torfs* — Isabelle-Françoise *Wouters*, grand'tante).

D. Isabelle-Louise TORFS, le 23 Avril 1744 (Dominus Ludovicus-Alphonsus *Goyvaerts*, bourgmestre de la ville de Lierre — Domina Isabella-Clara *Baert*, tante maternelle).

E. Jeanne-Pauline-Christine TORFS, le 10 Janvier 1746 (Chrétien-Norbert *Wouters*, oncle — Jeanne-Marie *Torfs*).

F. Louis-Jacques TORFS, secrétaire de la ville d'Anvers de 1775 jusqu'à sa mort, baptisé le 2 Décembre 1747 (Dominus Christianus *Wouters* loco Domini Ludovici *Wouters* subdiaconi — Domina Anna-Jacoba *Muijtinckx*), décédé à Anvers, le 12 Avril 1796 et enterré à Saint-Willibrord d'Anvers (*extra-muros*), épousa à Lierre, le 11 Septembre 1775, Jeanne-Catherine VERTOMMEN, née à Lierre, le 29 Décembre 1752, décédée à Anvers, le 13 Mai 1794 et enterrée dans l'église Saint-André, fille de Jean-Baptiste VERTOMMEN, échevin de la ville de Lierre, et de Marie-Agnès HARTS.

G. Marie-Françoise-Pacifique TORFS, le 12 Juillet 1750 (Dominus Franciscus-Ignatius *Gansacker*, oncle maternel — Domina Maria-Joanna-Theresia *Verreyc-*

ken) , épousa à Saint-André d'Anvers , devant le chanoine Louis Wouters, son oncle (Dominus Joannes-Baptista *Torfs* , père — Dominus Joannes-Antonius-Franciscus *Pauwels*, poète, frère de l'époux), le 24 Août 1773 , François-Jacques-Joseph PAUWELS , grand-aumônier de la ville d'Anvers, y baptisé à Notre-Dame-Sud , le 2 Juin 1746 , fils de Gaspard-Antoine Pauwels, aussi grand-aumônier d'Anvers, et de Marie-Madeleine-Jacqueline de Bruyn , sa seconde femme ; petit-fils de Gaspard Pauwels et de Barbe van Uffels, qui était fille de Sébastien et d'Anne Speckx.

2. Jordan, à Saint-Jacques, le 8 Mars 1710 (Signor Jordanus *van Herck* , cousin paternel — Demoiselle Susanne *Forckhoudt* , grand'tante).

3. Chrétien-Norbert qui suit.

4. Anne-Marie, à Notre-Dame-Sud, le 13 Avril 1713 (Dominus Petrus *de Man* quondam Eleemosynarius , cousin paternel — Anne-Marie *van den Greyn* , béguine) et décédée sans postérité, à Anvers, le 8 Juin 1749 , épousa dans la même église , le 29 Décembre 1748 (Dominus Christianus *Wouters*, père — Prænobilis Dominus Alexander-Constantinus *Gansacker* , frère) , François-Ignace GANSACKER , capitaine de la garde bourgeoise de la ville d'Anvers , baptisé à Notre-Dame-Nord , le 3 Octobre 1696 , décédé le 16 Août 1774 et enterré dans l'église Saint-Jacques d'Anvers , veuf en premières noces , de Jossine Heymans ; en secondes , de Susanne-Isabelle de Cano ; en troisièmes , d'Anne-Catherine Govaerts ; en quatrièmes, de Jeanne-Thérèse du Trieu.

Il était fils d'Abraham Gansacker et d'Anne-Catherine van Havre ; petit-fils d'Abraham et de Jeanne Lunden ; arrière-petit-fils de Jean et de Sara van de Walle, dont le fils Jean Gansacker, seigneur de Schelle et d'Iteghem, avait épousé Christine Aelst, fille de Chrétien Aelst, conseiller et maître extraordinaire de la Monnaie, et d'Élisabeth Wouters, qui était elle-même fille de Dominique Wouters, écuyer, maître-particulier de la Monnaie à Anvers, et de Jeanne van Liebeecke.

François-Ignace Gansacker épousa en sixième noces, Isabelle-Fernande de Villegas ; en septièmes, Agnès-Élisabeth d'Heems ; en huitièmes, Catherine-Françoise-Joséphine van der Schueren ; enfin, en neuvièmes, Marie-Joséphine-Anne-Béatrix van Mechelen-de Berthout, qui se sépara de lui un an après son mariage [1].

5. Juste-Charles, à Notre-Dame-Sud, le 6 Juin 1715 (Justus *Forckhoudt* habitans Viennæ in Austria, eius nomine stetit Dominus Petrus *de Coen* Auditor For-

---

[1] Une généalogie de la famille Gansacker se trouve dans le *Dictionnaire généalogique et héraldique* de Goethals, à l'article : van Havre.

Les Gansacker furent anoblis par lettres patentes du 7 Février 1678 ; ils s'allièrent aux familles van de Walle, Aelst, Bollaert, de Saldaigne, van Erp-de Mingelfruyt, van Horne, Olimaert, Lunden, Fredericx, van Ravels, van Reynegom-de Buzet, van Havre, Cornelissen, van Gerven, Janssens, Waets, van Valckenaer, van Quellenberg, Lambrechts, Coryns, Coock, Heymans, de Cano, Govaerts, du Trieu, Wouters, de Villegas, d'Heems, van der Schueren et van Mechelen-de Berthout.

ïalitionum Cesareæ Suæ Majestatis Antverpiæ, Lyræ, Herentalii, et Teneramundæ, item Judex in negotiis vectigalium prefatæ Majestatis — Demoiselle Marie *Forckhoudt*, tante).

. 6. François-Joseph, à Notre-Dame-Sud, le 13 Mars 1717 (Jordan *van Herck*, cousin paternel — Isabelle-Françoise *Wouters*, tante).

7. Emmanuel-Joseph-Jacques, à Saint-André, le 25 Février 1719 (Jean-Baptiste *Mertens*, grand'aumônier d'Anvers — Isabelle-Jacqueline *de Vos*, veuve de Georges-Jacques *Hoomis*), épousa à Nantes (France), le 21 Juillet 1761, Françoise BOUTHEVILAIN.

8. Ferdinand-Joseph, à Sainte-Walburge, le 26 Juillet 1720 (Dominus Jordanus *van Herck*, cujus loco stetit Marcellus *Wouters*, cousin — Demoiselle Isabelle-Françoise *Wouters*, tante).

9. Louis-François-Eugène, à Sainte-Walburge, le 16 Novembre 1724 (Marcel *Wouters*, cousin — Lucie *Forckhoudt*, tante paternelle). Il devint prêtre, licencié ès droits à l'Université de Louvain, le 18 Août 1750, chanoine de l'église Saint-Jacques d'Anvers d'abord et ensuite de Notre-Dame, enfin secrétaire et garde des sceaux de l'évêché d'Anvers.

VIII. Chrétien-Norbert WOUTERS-DE TERMEGHEM, seigneur de Termeghem, docteur en droit.

Baptisé à Notre-Dame-Sud d'Anvers, le 6 Juin 1711 (Reverendus Dominus Christianus *de Man*, cousin paternel — Isabelle-Françoise *Wouters*, grand'tante) et décédé à Beveren (Pays de Waes), le 19 Mars 1786, il

épousa à Beveren , le 23 Octobre 1737 (Dominus Joannes-
Baptista *Torfs* , beau-frère — Dominus Emmanuel-
Josephus-Jacobus *Wouters*, frère), Demoiselle Isabelle-
Claire BAERT , née à Beveren , le 31 Août 1712 et
y décédée, le 26 Juillet 1804 , fille unique de Pierre
et d'Anne-Catherine MAES.

Chrétien-Norbert WOUTERS-DE TERMEGHEM laissa l'ancien blason de sa famille , pour porter : *d'or , au
chevron de gueules chargé de trois fleurs de lis
d'argent, et accompagné de trois merlettes de sable.*

Il procréa neuf enfants baptisés à Beveren :

1. Chrétien-Joseph-Marie , né le 5 et baptisé le
10 Août 1738 (Dominus Christianus *Wouters*, grand'père
— Dame Anne-Catherine *Maes*, grand'mère maternelle)
et décédé à Beveren , le 26 Septembre 1749.

2. Michel-Pierre , le 25 Octobre 1740 (Dominus
Michael *Dullaert* — Domina Susanna-Maria · *Forckhoudt* , grand'mère paternelle). Il devint licencié ès
droits à l'Université de Louvain , le 21 Juillet 1764 ,
obtint un canonicat à Saint-Jacques d'Anvers et plus
tard celui de la Cathédrale que son oncle, le chanoine

Louis-François-Eugène Wouters, résigna en sa faveur. Il avait une grande réputation de science et mourut à Beveren, le 23 Juin 1820.

3. Louis-François, avocat et receveur des exploits du Grand-Conseil de Malines, de 1768 à 1771.

Baptisé le 31 Octobre 1742 (Dominus Christianus *Wouters* nomine Ludovici-Francisci *Wouters*, oncle — Demoiselle Isabelle-Françoise *Wouters*, arrière-grand'tante), il décéda à Beveren, le 26 Décembre 1782 et fut inhumé dans l'église de cette commune.

4. Anne-Rose-Louise, le 24 Août 1745 (Dominus Joannes-Baptista *Torfs*, oncle paternel — Dame Marie-Anne *Dullaert*, au nom de Dame Anne *de Ryck*), décédée à Beveren, le 26 Octobre 1749 et y enterrée dans l'église paroissiale.

5. François-Bernard, le 5 Septembre 1747 (Dominus Ludovicus *Wouters*, oncle, pour François-Bernard *Smet* — Domina Susanna-Justina *Wouters*, tante). Il devint prêtre et mourut à Beveren, le 16 Février 1828. Ses deux neveux, François-Bernard DE MUNCK, âgé de 33 ans, propriétaire, demeurant à Saint-Nicolas, et Joseph-Chrétien-Norbert DE MUNCK, âgé de 49 ans, propriétaire à Bruxelles, firent et signèrent la déclaration de son décès.

6. Charles-Alexandre, baptisé le même jour que le précédent (Dominus Ludovicus *Wouters*, loco Domini Marcelli *Wouters*, grand'oncle — Demoiselle Anne-Marie *Wouters*, tante) et décédé à Beveren, le 12 Octobre 1759.

7. Chrétien-François-Nicolas-Joseph, né le 1 et baptisé

le 3 Janvier 1750 (Dominus Franciscus-Xaverius *Gansac-ker*, oncle paternel — Dame Marie-Anne *Dullaert*) et décédé à Beveren, le 31 Mars de l'année suivante.

8. Chrétien-Benoît-Marie, né le 31 Octobre et baptisé le 2 Novembre 1751 (Dominus Christianus *van Herck*, cousin paternel — Dame Pétronille *de Ryck*) et décédé sans alliance, à Beveren, le 29 Mai 1771.

9. Marie-Isabelle-Joséphine, née le 24 et baptisée le 26 Juin 1753 (Reverendus Dominus Ludovicus-Fran-ciscus-Eugenius *Wouters* presbiter, juris utriusque licentiatus et secretarius Illustrissimi ac Reverendis-simi Episcopi Antverpiensis, oncle — Prænobilis Domi-cella Maria-Theresia *Annez*), décédée à Saint-Nicolas, le 29 Juin 1833, épousa à Beveren, le 1 Août 1775, devant son frère, le Révérend Michel-Pierre WOUTERS (Consultissimus Dominus Ludovicus-Franciscus *Wouters*, frère — Dominus Carolus *de Munck*, Graphiarius Sancti-Bavonis Gandavi, grand'oncle), Ivon-Jean DE MUNCK, licencié ès lois, avocat au Conseil de Flandre et haut-échevin du Pays de Waes, né à Saint-Gilles-Waes, le 31 Août 1737, décédé à Saint-Nicolas, le 26 Janvier 1815 et y enterré, sous le calvaire du grand cimetière, qu'il avait fait bâtir conjointement avec son épouse, fils de Guillaume DE MUNCK, procureur-héré-ditaire de Saint-Gilles-Waes, et de Jeanne-Marie PIERS-SENS ; petit-fils de Jean et d'Anne D'HOOGHE, qui était fille de Josse et de Catherine VAN GOETHEM ; arrière-petit-fils de Jean et de Catherine ROTTHIER [1].

---

[1] La généalogie de la famille DE MUNCK se trouve dans le

Ils eurent quatre enfants :

A. Joseph-Chrétien-Norbert DE MUNCK, né à Saint-Gilles-Waes, le 22 Août 1778, décédé à Bruxelles, le 2 Août 1856 et inhumé à Laeken, sous une pierre décorée de ses armes et de celles de son épouse, fut agrégé à la noblesse du royaume des Pays-Bas, par arrêté du roi Guillaume I, du 24 Juillet 1830, et reçu dans celle de la Belgique, par lettres patentes du roi Leopold I, du 12 Novembre 1847. Il épousa à Bruxelles, le 12 Avril 1809, Marie-Anne-Françoise VAN DOORSLAER-DE TEN RYEN, née à Bruxelles, le 26 Décembre 1786 et décédée le 2 Août 1856, fille de Jean-François VAN DOORSLAER, seigneur de Ten-Ryen et de Ponterave, écoutête-héréditaire de Waesmunster et d'Elverseele, conseiller au Conseil Souverain de Brabant, et d'Élisabeth-Marie-Cornelie LONCK, sa seconde femme, fille unique de Théodore-Ange-Corneille et de Barbe DE MONTANA, d'une famille d'origine piémontaise.

B. Marie-Isabelle-Claire DE MUNCK, née à Saint-Nicolas (Waes), le 13 Juillet 1782 et décédée sans alliance, le 27 Décembre 1801.

Nobiliaire des Pays-Bas et du Comté de Bourgogne (1er complément), par le baron DE HERCKENRODE. Les DE MUNCK s'allièrent aux familles ROTTHIER, NYS, D'HOOGHE, VAN ONGHENA, GHYSELEN, MEYER, PIERSSENS, WOUTERS-DE TERMEGHEM, VERSMESSEN, VAN WTBERGHE, VAN GOETHEM, MICHIELS, VAN DOORSLAER-DE TEN RYEN, DE COCQUÉAU-DES MOTTES, CORDIER-DE ROUCOURT, DE MOERMAN ET D'HARLEBEKE et DE SCHOUTHEETE-DE TERVARENT.

— 151 —

c. Caroline-Constance DE MUNCK, née à Saint-Nicolas,
le 29 Septembre 1786 et décédée au château de Ter-
Saxen à Beveren, le 16 Septembre 1835, épousa
à Saint-Nicolas, le 13 Octobre 1807, Antoine-Jean-
Baptiste-Gislain VERSMESSEN, bourgmestre d'Haes-
donck (Waes), né au château de Walbourg sous Saint-
Nicolas, le 11 Janvier 1777 et y décédé, le 6 Juin
1837, fils de Jean-Baptiste-Gislain VERSMESSEN, licencié
ès lois, haut-échevin du Pays de Waes, et de Marie-
Thérèse-Joséphine VAN GOETHEM, qui était fille d'Alexan-
dre-Joseph-Emmanuel VAN GOETHEM, licencié ès lois,
pensionnaire du Pays de Waes, et d'Amelberge-Thérèse
ANNEZ : petit-fils de Jean-Baptiste VERSMESSEN, bourgmestre de Calloo, anobli par lettres patentes de l'impératrice Marie-Thérèse, du 15 Septembre 1775, et
de Marie-Catherine-Jeanne COOMAN.

d. François-Bernard DE MUNCK, sénateur belge,
chevalier de l'Ordre de Léopold, bourgmestre de Saint-
Nicolas, garde-d'honneur sous Napoléon I, major-
commandant de la *Schuttery* sous Guillaume I, ensuite
de la garde civique de Saint-Nicolas, membre du Conseil
Provincial de la Flandre-Orientale et de la Commission
des Hospices de Saint-Nicolas, président du neuvième
comice agricole de la province, né à Saint-Nicolas,
le 29 Octobre 1794 et y décédé, le 29 Juin 1855, y
épousa, le 15 Novembre 1820, Marie-Adelaïde-Gislaine
Vicomtesse DE MOERMAN ET D'HARLEBEKE, née à
Saint-Nicolas, le 8 Mai 1799 et y décédée, le 11 Août
1871, fille de Mathieu-Joseph-Robert-Gislain Vicomte
DE MOERMAN ET D'HARLEBEKE, seigneur de Ledeghem,

Voorhaute, la Rabecque, Ten Raede, Ter Leyen, Varent, etc., grand-bailli du Pays de Waes et député aux États de Flandre, et d'Isabelle-Marie-Gislaine DE WAEPENAERT, dame de Clefs, Bleyenberghe, etc., qui était fille de Louis-Philippe DE WAEPENAERT, seigneur de Clefs, Bleyenberghe, haut-échevin du Pays de Waes, et de Marie-Livine-Gislaine VAN DER SARE-DE MANEGHEM.

L'épitaphe des époux DE MUNCK-WOUTERS à Saint-Nicolas dit :

GRAF-PLAETS

VAN MYNHEER IVO-JOANNES DE MUNCK,

HOOFD SCHEPENEN VAN DEN LANDE VAN WAES

STERFT 26 JAN^{ry} 1815, OUD 79 ³/₄ JAER.

ZIJNE GESELNEDE, MEJOF^w MARIE-ISAB^{la}

JOSEPHA WOUTERS, STERFT 29 JUNY 1833.

DESCENDENTEN :

Mr JOSEPHUS-C. N., TROUWD JOF^w MARIE-A.

F. VAN DOORSLAER, STERFT . . . .

JOF^w MARIE-J. C., STERFT 27 X^{ber} 1801, OUD 19 JAER.

MEVROUW CAROLINA-C., STERFT 16 SEPTE. 1835, TROUWT Mr ANTONIUS

J^s B^a G^s VERSMESSEN, STERFT 6 JUNY 1837.

Mr FRANCISCUS-B. STERFT . . . .

Douzième Branche.

—

VIIIbis. Ferdinand-Ignace WOUTERS, écuyer, garde du corps à cheval de l'empereur, receveur des droits de Sa Majesté au Fort-Marie, fils de Jean-Baptiste-Barthélemi et de Cornélie SCHUYL.

Baptisé à Notre-Dame-Nord d'Anvers, le 8 Juin 1707 (Ferdinand-Ignace *van Elslande* — Catherine *Custodis*), il épousa en premières noces Jacqueline VAN AKEN, née à Utrecht et décédée sans postérité. Il épousa en secondes noces Marie-Marguerite-Hélène GUEMINE ; en troisièmes noces, à Notre-Dame-Nord d'Anvers, le 17 Avril 1748 (Jean-Baptiste *Clinckaert* — Adrien *Meeus*), Barbe MERTENS, baptisée dans la même église, le 15 Mai 1709, décédée à Santvliet (Anvers) et y inhumée le 12 Mai 1750, fille de Joseph et de Marie GRILLENS. Il épousa en quatrièmes noces, à Santvliet, le 26 Août 1750 (Reverendus Dominus *Pelsener*, custos — Jean-Baptiste *Deckers*), Catherine-Élisabeth LOOTS, baptisée à Saint-Pierre de Turnhout, le 17 Octobre 1730, fille de Barthélemi et de Marie-Barbe DUIJNCOES [1].

---

[1] Les LOOTS furent seigneurs de Haeren. Maître Rombaut LOOTS, chevalier, secrétaire de la reine Marie de Hongrie, puis conseiller de la Chambre des Comptes de Brabant, acheta Haeren du souverain et en fit le relief le 17 Juin 1559. Son fils Jean LOOTS, commissaire de l'artillerie, releva Haeren, le 4 Mars 1567, et son petit-fils Adrien LOOTS, créé chevalier en 1607, fut échevin de Gand.

Il eut du deuxième lit :

1. Jean-Baptiste-Ferdinand , baptisé à Notre-Dame-Nord d'Anvers , le 31 Janvier 1747 (Jean-Baptiste *Clinckaert* — Cornélie *Schuyl* , grand'mère paternelle).

Il eut du troisième lit :

2. Marie-Élisabeth, baptisée à Santvliet, le 22 Avril 1749 (Jean-Louis *Guillaume* , receveur à Santvliet , cousin paternel — Élisabeth *d'Oogh*).

Il eut du quatrième lit : .

3. Pierre-Joseph, baptisé à Santvliet, le 21 Avril 1751 (Antoine *van Hertsen* — Anne-Marie *Dielen*).

4. Charles-Joseph-Jean , écuyer , né le 6 et baptisé à l'église Saint-Michel de Gand , le 7 Avril 1755 (Adrien-Joseph *Gailly* — Jeanne *Coopman*) :

Nous Messire PHILIPPE JEAN BAPTISTE ô KELLY Conseiller de Sa Majesté Impériale et Roiale et Héraut d'Armes à titre de Comté, Province et Pays de Hainaut, et Son Avocat d'Office pour le Département Héraldique aux Pays-Bas Autrichiens, Déclarons que la famille DE WOUTERS originaire de la Westphalie , portant coupé d'Argent à l'Arbre de Sinople arraché, et d'Azur au Lévrier d'Argent courant et coleté d'or, l'écu surmonté d'un Casque d'Argent , grillé et liseré d'or , fouré de gueules aux Bourlet et hachemens d'Azur et d'Argent, Cimier un Chasseur naissant diapré de Sinople sonant la trompe , telles que ces Armoiries sont ci-dessus figurées et dépeintes en leurs émaux, est Noble et Ancienne de plusieurs Générations, dont selon certain Acte déclaratoir et héraldique Nous produit en forme authentique et donné à Bruxelles le 16 Juin 1655, est issu RUDOLPHE WOUTERS Chevalier Teutonique, Commandeur du même Ordre au Bailliage de Rosiel en 1451 et d'où selon la même pièce est médiatement descendu DOMINIQUE WOUTERS Écuier né en 1565, en son vivant Maitre de la Monnoye des Archiducs Albert et Isabelle à Anvers, où il est honorablement

GANSACKER.
(p. 144.)

BAERT.
(p. 147.)

DE MUNCK.
(p. 149.)

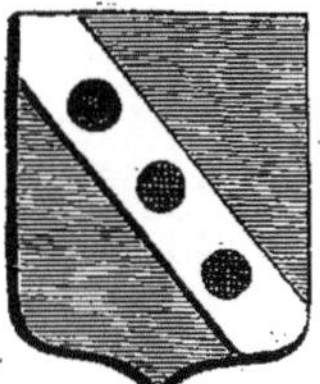

VAN AKEN.
(p. 153.)

LOOTS.
(p. 153.)

enterré le 8 février 1618 en l'Église Abbatiale de S^t. Michel
avec Exposition des ses quartiers, qui épousa JEANNE VAN
LIEBEECKE née à Bruges le 9 Avril 1575 et inhumée au même
Tombeau, témoin les Archives de Notre Office, dont conste
d'ailleurs ainsique par les autres pièces originales et Authen
tiques Nous subministrées, que de cette Alliance fut né DO-
MINIQUE WOUTERS Écuier, qui en la même Ville de Bruxelles
épousa l'an 1623 ANTOINETTE CAVERSON, père et mère légitimes de DOMINIQUE GÉRARD et de GUILLAUME PIERRE JAQUES
WOUTERS Écuiers, le premier d'eux Conseiller Député
aux affaires du Commerce, lequel DOMINIQUE s'allia en 1658 à
MARGUERITE FORGET et procréèrent JEAN BAPTISTE BARTHOLOMI
WOUTERS Écuier né à Bruxelles le 12 Novembre 1669 ayant
épousé le 12 Décembre 1690 en la ville d'Anvers CORNILLE SCHUYL,
dont est immédiatement issu FERDINAND IGNACE WOUTERS Écuier
qui s'unit par Mariage le 2 Août 1750 à S^{te}. Gertrude à Santvliet, à
CATHERINE LOOTS et eurent CHARLES JOSEPH JEAN WOUTERS
Écuier Batisé en l'Église de S^t. Michel à Gand le 7 Avril 1755,
le susdit GUILLAUME PIERRE JAQUES WOUTERS, fils de DOMI-
NIQUE et d'ANTOINETTE VAN CAVERSON susmentionés, ayant
épousé MARIE ANNE JACOBS et procréé DOMINIQUE WOUTERS
qui s'allia par Mariage à MARGUERITE VILLA VICENTIA DES·
CAUDEUVRES, père et mère légitimes d'HENRI DOMINIQUE
HIACINTE WOUTERS Époux de BARBE CORNILLE DE MEERTE,
la famille de ce nom étant ancienne et Chevaleresque selon
certain acte déclaratoir donné par les Rois d'Armes de
ce Pays le 3 Août de l'an 1723, à la Réquisition d'HENRI
GILLE DE MEERTE, Écuier Seigneur d'Ohbergen en Molhem
etc. Receveur Général de l'Empereur et Roij Domaines de
Brabant, fils unique de Messire FRANÇOIS DE MEERTE dit DE
MERODE, Chevalier Capitaine d'une Compagnie d'Infanterie
Wallone au Service de Sa Majesté Catholique et de Dame
ISABELLE MARGUERITE MAILLET, lequel HENRI WOUTERS eut
pour fils JEAN FRANÇOIS WOUTERS Époux de CATHERINE JEANNE
VAN DER BEKEN, de sorte que selon les Documens précités, celui·ci

et le susdit Charles Joseph WOUTERS sont directement, masculinement et légitimement descendus du susnommé Dominique WOUTERS premier du nom, selon la Branche généalogique ci précédente. En foi de quoi avons fait dépêcher les présentes, les ayant signé de Notre main et muni du Sceau de Notre Charge Roiale en Notre Office Héraldique à Bruxelles le 12 février 1783.

(Signé) Phil : ô KELLY.

La légalisation de ce diplôme par le Conseil Souverain de Brabant, en date du 13 Février 1783, est signée : L. Mosselman.

En terminant ce volume, nous nous faisons un devoir de remercier ici, des renseignements qu'ils ont bien voulu nous fournir : M. le baron DE BORREKENS-VAN ERTBORN, à Anvers ; M. le chevalier Eugène DE COCQUIEL-DE TER HEIRLER, à Bruxelles ; M. GÉNARD, archiviste de la ville d'Anvers ; M. le chevalier GUSTAVE VAN HAVRE, sénateur à Anvers ; M. HERMANS, archiviste de la ville de Malines ; M. DE LISER, secrétaire-communal à Merxem et M. Félix VAN DER TAELEN, historien et généalogiste à Anvers.

TABLE DES NOMS DE FAMILLE,

A.

Aa, van der. 59.
Aa-de Randerode , van der. 59.
Achelen , van. 96.
Adriaensens. 16.
Aelbrechts. 9.
Aelst. 32. 34 (8 fois). 35 (10 f.).
    36 (6 f.) . 79. 145 (3 f.).
Aelst , van. 82.
Aerts. 42. 126. 132.
Aertsens. 16.
Aken , van. 153.
Amoris , des. 102.
Ancré , d'. 75.
Andriessens. 75.
Annez. 149. 151.
Annoni. 104.
Anvaing , de la Hamaide *dit*
    van. 48. 66. 67.
Arazola-de Onate-de Peute-
    ghem. 143.
Arragon , d'. 120. id.
Arschot-de Rotselaer , d'. 138.
Assendelft , van. 70.

Astuer. 139.
Ath , d'. 95.
Audenrogge. 15.
Aulaerts. 132.
Ausems. 122.
Auwerckx. 117.
Auxi , d'. 130.
Ayala , d'. 19. 22. 23.
Azevedo. 114.

B.

Bacheler. 82. 84.
Backer, de. 25 (5 fois). 26 (5. f.).
    27 (7 f.). 29. 39. 48. 63.
    85.
Backere , de. 19. id. 20. id. 24.
    id. 31.
Baclé. 125.
Baerdemaeker , de. 75.
Baeremaecker , de. 110.
Baert. 143. 147.
Baesen. 63.
Balen , van. 28.

Ballendonck. 36.
Baracena , de. 26.
Baraux. 102 (5 fois). 103.
Barnaba. 52. 53 (6 fois). 54. id.
    138.
Barnabé. 66.
Barneval. 104.
Baronneau. 101. id.
Bartholeyns.123. id. 124 (4 fois).
    125 (4 f.).
Basijn. 16.
Basseliers. 31.
Baten *dit* van der Straeten. 37.
Batkin. 33. 34. 36. 73.
Battel , van. 63.
Baudt , de. 107. 112.
Baumans. 14.
Bauwens. 20.
Bax. 78.
Beauchamps. 121.
Beaudin , de. 41.
Beaulieu , de. 7.
Beauvais , de. 41.
Bedts , van. 141.
Beeck , van. 63. 105 (5 fois). 106.
    id.
Beeckmans. 30. id.
Beelaert *alias* Bellerus. 8.
Beels. 110. 111 (8 fois).
Beerincx. 10. 13.
Behoort. 11. id.
Beka. 141. id.
Beken , van der. 19. id. 27. 31.
    122. 155.
Beken-Pasteel , van der. 124.
    130 (3 fois).
Belhomme. 13.
Belle , van. 14. 15.

Bellefroid. 125.
Bemde , van den. 128.
Bemden , van den. 37. id. 38.
    id. 39. 42. id.
Bemmel , van. 54.
Benekendorff. 134.
Benero , de. 73. id. 74.
Berchamps. 91.
Berchem , van. 28. 130.
Berden. 126.
Berenberg. 66.
Berge , van den. 128.
Bergery , de. 131.
Berghe , van den. 16. 17. 76.
    77. 87.
Berghe-de Brezon , van den.
    88. 99.
Beringuer , de. 31.
Berlaymont , de. 33. id.
Bernoullie *alias* de Bernuy ,
    de. 15. 16. id.
Bernuy *alias* de Bernoullie ,
    de. 15. 16. id.
Berthout-de Malines. 60. 145.
    id.
Bertina. 56.
Betremoille , de. 37.
Bevers. 91. 92. 93.
Beydaels. 37. 39. 42. 43. 44.
    137. id. 138.
Beyerlinck. 13.
Beyl. 106.
Bidart. 112.
Bie, de. 42. 70 (6 fois). 71. id.
    72. 73 (4 f.). 136.
Billich. 103.
Bisthoven , de. 73 (3 fois). 74
    (4 f.).

Bisthoven-de Breetvelde, de. 74.

Bisthoven-de Monchy, de. 72. id.

Bistraete, de la. 32 (3 fois). 34. 96.

Blanckelaer, van. 37.

Bleys. 133.

Blocke, van den. 118. 121.

Bloemaerts. 114.

Blois-de Treslong, de. 13. 73.

Bodart. 42.

Bodden. 37.

Boecx. 104. 128. 129.

Boel. 82.

Boels. 37. 82.

Boessière, de la. 45. id. 46 (3 fois).

Böhl. 88.

Bois-d'Aissche, du. 56.

Bois-de Vroylande, du. 56.

Bois dit van den Bossche, du. 37. 42. 114. id.

Bois dit van den Haute, du. 130.

Boisrobert. 125.

Boiteux, le. 48.

Bolder, van. 13.

Bolgaro. 57. id.

Bollaert. 145.

Bolle, de. 58.

Bom. 86. 94.

Bomberghen, van. 7. 104.

Bongaerts. 111.

Boom, van den. 37. 44.

Boonaerts. 15.

Boots. 96. 104. 128.

Borcht. 81.

Borcht, van der. 125.

Borman, de. 124.

Borne, van den. 125.

Borquas. 51. 52.

Borrekens, de. 42.

Borrekens-van Ertborn, de. 156.

Borsbeeck. 104.

Bortel, van. 108.

Bos. 100. id.

Bosch. 75. id. 125.

Bosch, van den. 17. 96. 104. 132.

Boschmans. 87.

Bosmans. 83. 110. id.

Bosschaert. 13. 28. 34. 77.

Bossche dit du Bois, van den. 37. 42. 114. id.

Bot, de. 76. 77. 128.

Botermans. 104.

Bouchout, van. 7. (4 fois). 8 (8 f.). 9. 11.

Boucq, le. 63. id.

Bousifet. 87.

Bouthevilain. 146.

Bouwens. 30.

Brabant. 88.

Brabant, de. 114.

Brabant, van. 109.

Braccum, van. 54.

Branden, van den. 93. id.

Branden-de Reeth, van den. 56.

Brandt. 33. id. id.

Braumans. 16.

Brauwer, de. 126.

Brechiez. 41.

Brederode, de. 119 (3 fois). 120. id.

Bremers. 90.

Bretel, de. 37. 47.

Breuseghem, van. 34. 97.

Breydel. 20.

Brialmont, de Mont dit de 20. 72.

Brienen, van. 125.
Briers. 40. 42.
Brocco-Vara du Sosay. 26.
Broeck, van den. 13.
Broeckmans. 63. 124.
Broëta, de. 104.
Brogniez , de. 51. 109 (4 fois). 110 (5 f.).
Broomans. 14.
Brouwer, de. 112. id.
Bruitsma. 42.
Brun, le. 45.
Bruneau. 50. id. 52. id. 53. 96.
Bruyn, de. 17. 63. 144.
Buelens. 88.
Buelens-de Steenhault. 42.
Bueren , van. 60 (4 fois). 61. 73.
Buggenhout, van. 132.
Buisseret-de Blarenghien, de. 63.
Burbure, de. 42. 93.
Busschere, de. 19.
Buys. 69. 84.

C.

Caen, le. 12. 76.
Cailleau. 41.
Campen, van. 106. id. 109.
Cano, de. 144. 145.
Cantfort, van. 142.
Caraccioli. 49.
Carne , du. 55. id.
Carolos y Aredondo. 136.
Caron, le. 41.
Carpentier. 91.
Carpentier *dit* du Bos. 96.

Cartiau. 133. 134.
Caruy. 100.
Castano. 127.
Casteel, van. 110. id. id.
Castiel. 87.
Cat, le. 56.
Catry. 111.
Cattenberghe, van. 107. 112.
Cauwelaert, van. 86. 87.
Cauwonberch, van. 75.
Cauwenbergh, van. 141.
Caverson , van. 27. 37 (6 fois). 38 (5 f.). 39 (4 f.). 42 (5 f.). 43 (3 f.). 44. id. 46 (3 f.). 47. 49 (3 f.). 79. id. 113. id. 123. 127. 135. id. 138. 155. id.
Cellier-de Wallincourt, de. 42.
Ceulen, van. 30. 75.
Ceuster, de. 63. id. 65. 68. id. 140.
Champoudry, de. 136.
Champs, des. 48.
Charlé. 73. 86. id. 89. 96. 104.
Charliers. 88. 90. id. 94.
Chièvre, de. 41.
Claes. 42. 124. 125. 126.
Claesman. 19. id. 20.
Claessens. 104.
Claus. 83.
Clercq-de Bovekercke, de. 114.
Clercx, de. 126 (5 fois).
Cleve, van. 26. 36.
Cleymans. 114.
Clinckaert. 153. 154.
Clooster, van den. 118. 119. 121.
Closset. 126. id. id.
Cnobbaert. 63.

Cobbe. 83. id. 98. id. 99. id. 101. 103. id.

Cock. 16.

Cock, de. 104.

Cockaerts. 45.

Cocquéau des Mottes, de. 150.

Cocquiel , de. 7. 32. 49. 94. 95 (4 fois). 96 (5 f.). 100. id. 101.

Cocquiel-de ter Heirler , de. 104. id. 156.

Cocx. 17.

Coen, de. 140. 141. 145.

Coenraets. 15.

Coevoorden, van. 56. id.

Coget. 41. 42. 94. 98 (4 fois). 99 (6 f.). 100 (4 f.). 103 (4 f.).

Col, van. 131.

Colbart. 95. id. 96.

Colen. 55. id.

Colen, van. 34. id. 37. 56.

Colins. 107. 112.

Collyns. 78.

Colyns. 104.

Comart. 41.

Comperis. 70.

Condé, de. 42.

Coninck, de. 20. 70.

Conincx, 's. 9. id.

Coock. 145.

Cools. 37. 132.

Cooman. 104. 151.

Coopman. 154.

Coorenaert. 54.

Copis. 125.

Coppenolle, van. 37.

Cordes, de. 7. 37. 63.

Cordeijs. 133.

Cordier-de Roucourt. 150.

Cordier. 8. 9. id. id.

Corduwaen. 6.

Corete. 135. 136. 138.

Cornelissen. 63. 145.

Cornut. 41.

Corput, van den. 114.

Cort, de. 63.

Corthagen. 15.

Coryns. 145.

Cotthem, van. 136.

Coudenhove, de. 130.

Courtois. 30. 32 (6 fois). 33 (9 f.). 34 (6 f.). 35. 36. id. 54.

Couvreur. 10. 11.

Couwers. 14.

Cox. 124.

Coymans. 63.

Crabbe. 32.

Crabeels. 114.

Craen, de. 95. 96.

Crayer, de. 14.

Criecke. 37.

Croheyn. 37.

Croix, de le. 96.

Crombrugghe, van. 94.

Crompaerts. 31.

Croy, de. 18.

Cruyce, van den. 56.

Cruyninghen, van. 130.

Cuelens. 42.

Cupis de Camargo. 63.

Custodis. 153.

Cutsem, van. 37.

Cuyck, van. 67.

Cuyermans. 81.

Cuylits. 88.

D.

Dael, van. 111. id.
Daelhem, van. 70.
Daet. 10.
Dale, van. 7.
Dallwich, van. 141. 142. id.
Damman. 130.
Damme, van. 66. id.
Danckaert. 16.
Daniels. 125.
Dapel, van. 15.
Deckers. 153.
Delcourt. 41.
Delft, van. 56.
Delsarts. 54.
Demarets. 41.
Dendere, van den. 20.
Dennetières. 19. 22. 45.
Denijs. 101.
Dermuyen. 37.
Deynse, van. 33. 69.
Dielen. 154.
Dielis. 77.
Diepenbeeck, van. 104.
Dierckx. 131. id.
Diercxsens. 69. id. 103. 104 (4 fois).
Dierens. 56. 57.
Dierickxsens. 90. 105 (3 fois).
Diest, van. 10. 33.
Dieu, le. 41.
Dintere, van. 129.
Dioens. 111.
Disme, de le. 32.

Doetinghem, van. 129 (3 fois). 130.
Domis. 63.
Doncker. 10. id. 11 (8 fois). 13. 33. 62. id.
Dongnyes. 22.
Doorne, van. 40. 42. 70. 113. 114 (3 fois). 115.
Doorslaer, van. 150. 152.
Doorslaer-de ten Ryen, van. 150. id.
Dorenhoven. 104.
Dormael, van. 79.
Dortmond, van. 8.
Douglas-de Schot. 69. 138.
Drenckwairt, de. 18.
Dresseleer. 8.
Driessche, van den. 42.
Dubois. 110.
Dulieu. 81.
Dullaert. 147. 148. 149.
Dupuis. 41.
Dureuil. 88.
Dury. 46.
Duthet, de. 131.
Duyncoes. 153.
Dyck, van. 109 (6 fois).

E.

Edelbampt, van den. 125.
Eecaut. 46.
Eeckhout. 115.
Eede, van den. 42.
Eelkens. 69 (6 fois).
Eersel, van. 70.
Eertvelt, van. 27.

Eisen. 110.
Elslande, van. 153.
Elsput, van den. 76.
Erp-de Mingelfruit, van. 145.
Ertborn, van. 83. 101. 102.
Espelghem, van. 90.
Everaerts. 127.
Eversdyck, van. 56.
Eyben. 123. 124. 125. 126.
Eyck, van. 63. 70.
Eycke, van. 73. id.
Eyckemans. 129. 130.
Eynde, van den. 16. id. 69. 127.

F.

Fabri. 28.
Faille, della. 63. 97.
Fales, van. 76.
Falloise, de. 96.
Fassin-de Féchier. 126. id.
Fastré, de. 125.
Fauconnier. 108.
Favresse. 108 (4 fois).
Febure, le. 12. 37. 40. id. 42. 66. 76. 78. 117 (4 fois).
Febure *alias* Joris, le. 76.
Felon, le. 77.
Fierens. 20. 121. 122.
Fierlants. 42.
Fin, le. 41.
Fiocardo. 134.
Fisen, de. 125.
Fleury, de. 70.
Foccant, de. 37. 49.

Forckhoudt. 64. 140 (4 fois). 141 (3 f.). 142. 144. 145. 146. id. 147.
Forget. 45 (3 fois). 46. id. 123. 127. 128. 135. 155.
Fourment. 33. id.
Francken. 30. 55. 56. 57.
Francolet. 138.
Francq, le. 79.
Francqué. 74. id.
Fredericx. 145.
Frère. 125.
Fuentes y Castillo, de. 47. 53. 54. 135 (5 fois). 136. 138. 139.
Fuzelière. 41.

G.

Gaillard. 134.
Gailliard. 116.
Gailliot. 91.
Gailly. 154.
Gallemart. 41.
Gansacker. 35 (4 fois). 143. 144. id. 145 (5 f.). 149.
Gardin, du. 30.
Gardyn, del. 26.
Gargan, de. 46.
Gast. 7.
Gauwi. 18.
Gavre, de. 130.
Geelhand. 56.
Geeraerts. 48.
Geerts. 17.
Geloes, de. 124. 126.
Gemert, van. 7.

Gemini. 138.
Génard. 156.
Genechten, van. 104.
Genellis, de. 57. id.
Gensse. 88.
Gerinx. 125.
Gerven, van. 145.
Geyssens. 133.
Ghessels, van. 37.
Ghevers. 70.
Ghistelles, de. 130.
Ghyselen. 150.
Ghysen. 125.
Giey, de. 42.
Gillebert. 85.
Gillis. 78.
Gilloens. 37.
Ginderdeuren, van. 25. id. id.
Gindertaelen, van. 37. 39.
Gobbaerts. 69. 104.
Godsdeel. 88.
Goethals. 56. 145.
Goethem, van. 149. 150. 151.
Goirle, van. 26.
Gombeer. 131. id.
Gomzé, de. 109. 110.
Goor, van de. 99.
Goossens. 17 (4 fois). 37. 113.
115.
Goovaerts. 94.
Goris. 66 (5 fois). 95. 96.
Gortere, de. 31. 32.
Goubau. 15.
Goupy-de Quabeeck. 138.
Govaerts. 144. 145.
Goyvaerts. 143.
Grace, de. 82.
Grande, de. 59.

Grattan. 125. id.
Grelle, le. 71. 89. id.
Grenier. 130.
Greve, de. 15. 96.
Greyn, van den. 141 (3 fois). 144.
Greyus. 35.
Grez, de. 121.
Grillens. 82. 83. 153.
Grimberchs. 37.
Groote, de. 14.
Gruutere, de. 130.
Guemine. 153.
Guers. 62.
Guillaume. 128. 154.
Guinot. 136.
Gulden. 70.
Guyot. 35 (4 fois). 96.
Gysens. 83.

H.

Habich. 88.
Haecx. 13. 30. 36. 55 (8 fois). 56
(3 f.). 57. id. 62. id. 82
(3 f.).
Haermans. 104.
Hal, van. 14.
Halewyck, van. 88. 92. 137. 138.
Hamaide *dit* van Anvaing, de la.
48. 66. 67.
Hannosset, de. 26. 37. 38. 42. 47.
48.
Hardiers. 76.
Harts. 143.
Hasselt, van. 107 (3 fois). 111.
112. id.
Hassinck. 82. 83. 95.

Hatrival. 136.
Havre , van. 37. 63. 70. 145
    (3 fois). 156.
Haynin, de. 96.
Haze, de. 34.
Hechts. 114. 115.
Heems, d'. 145. id.
Heers, de. 125. id.
Heesmans. 56.
Heiden, van der. 71.
Helias-d'Huddeghem. 20.
Hellaert. 77.
Hellinckx. 34. 135.
Hennebel. 107 (3 fois). 112 (3 f.).
Hennekin. 104.
Hennin. 125.
Henry. 48. id. 96.
Herberge, van. 132.
Herck, van. 65. id. 66 (9 fois).
    67 (4 f.). 68 (3 f.). 70. 71.
    140. 144. 146. id. 149.
Herckenrode, de. 114. 124. 125.
    126. 150.
Herion. 53. 54.
Hermans. 13. 15. id. 16 (3 fois).
    17. id. 156.
Herregouts. 42.
Hertoghe , de. 60. id.
Hertsen, van. 154.
Hertsroy , van. 76.
Hesen. 10.
Hesse-Darmstadt , de. 26.
Hest, van der. 42.
Heubens. 41. id. 99. id. id.
Heule, van. 130.
Heuvel , de. 63.
Heuvel , van den. 65.
Heyden , van der. 37. 56. 125.

Heylen. 87.
Heyleven. 124.
Heyligher. 77. id.
Heymans. 26. 144. 145.
Hillegeert, van. 83.
Hinnisdael, de. 124. 125.
Hockaert. 11 (3 fois). 13. id.
Hoeven, van der. 31. id. 125.
Hollaer, de. 70.
Hollanders. 125.
Hollogne, de. 126.
Hooghe, d'. 149. 150.
Hoomis. 82 (3 fois). 83 (3 f.). 85.
    88. 94. 95. id. 96. 97
    (3 f.). 98. 99. 100. id.
    102. 104. 146.
Hoons. 6.
Hoorebeke, van. 87. 99.
Hoppenbrouwer. 82. id. 83. 96.
Horne, van. 83. id. 95. 96. 145.
Hornes-de Geldorp, de. 105.
Houbaers. 125.
Houbraken. 131 (7 fois). 132
    (4 f.).
Houssaert. 37.
Houthert, van. 16.
Hove, de le. 96.
Hovelde, van. 37.
Hoverlant. 93.
Hoys. 20.
Huberti. 36.
Hugo. 114. 116.
Hulet. 54.
Hulle, van. 20.
Humbert, de. 41.
Huybrechts. 16. 42.
Huyghens. 17.
Huys. 137.

Huys-de Thy. 48. id.
Huysman. 37. 63.
Huysmans. 77.
Huyvers. 8.

Immerseele, van. 70.
Impens. 37.
Ingeenraem. 9.
Ingelant, van. 37.
Ingelberts. 93.
Isebeecke. 42.
Isenbrant. 130.
Isschot, van. 78.

Jacobs. 46. 113 (6 fois). 114 (7 f.).
    115 (4 f.). 118. 155.
Jacobs *alias* Willich. 37.
Jaerens. 42. 139. id.
Jalheau. 109. 110.
Janné. 125.
Janssens. 14. 28. 37. 55. id. 56.
    id. 62. id. 69. 83. 88.
    106. 107 (4 fois). 109. id.
    111. id. 112. id. 129.
    131. 145.
Joffroy. 133.
Jonghe, de. 30. 31 (6 fois). 32
    (4 f.). 42.
Joossens. 63.
Joosten. 8.
Jordaens. 30. 31.

K.

Kannekens. 70.
Karoly. 110.
Kaymocx. 32.
Keerberne, van. 9.
Kelly, O. 154. 156.
Kerckhove, van den. 87. 88.
Kerckhoven, van den. 14. 32.
Kerliviou, de. 46.
Kerremans. 42.
Kesschietere, de. 72. 107. 112.
Kessel, de *et* van. 63. 70. 95. 98.
    140. 141.
Keunijnck. 97.
Keynnens. 42.
Keyser, de. 99.
Kinder, de. 141.
Kinnart. 37. 47 (6 fois). 48 (7 f.).
    49. id.
Kint, 't. 33.
Kirwan, de. 90.
Klijn, de. 105.
Knijff. 26 (3 fois). 27. id. 77.
Kock, de. 82.
Koenraets. 104.
Koninckx. 37.
Kramp. 97. 99.
Küstner. 88.

L.

Laage-de Rocheterie, de. 63.
Labistraete, de. 32 (3 fois). 34.
    96.
Laet, de. 64. 67. 69 (3 fois). 70.
Lalecq. 70.

Lamblet. 36.
Lambrechts. 26. 27. 77. 125. 145.
Lancker, van. 99.
Lanckveldt. 134.
Landas, de. 41.
Landeghem, van. 132.
Lander, de. 133.
Landonck, van. 128.
Langedie. 47.
Langhenhoven, van. 53. 54. 88.
    92 (3 fois). 93 (3 f.).
Lannoy, de. 7.
Lanois. 79.
Larbalestrier. 46.
Lare, van. 75.
Lattre, de. 135. 136 (3 fois). 137.
Lau, de. 113. 114.
Launay, de. 38. 39.
Leemans. 63.
Leemsen. 64.
Leepe, van der. 40. id. 42.
Lefèvre-d'Ormesson. 63.
Lemmens. 95. 96. 141. id.
Lenssens. 63.
Leppens. 90. 105. 106.
Lerius, van. 141.
Lescornet. 63.
Lespine, de. 12.
Lestgarens. 88.
Letter, de. 18.
Leyen, van. 126.
Leys. 84 (4 fois). 86. id. 96.
Leys alias Lis. 82. 89.
Liagre, de. 5. 85. 86 (3 fois). 87.
    (6 f.). 88 (6 f.). 89 (3 f.).
    90 (4 f.). 91 (10 f.). 92
    (3 f.). 93. id. 94 (6 f.).
    96. 101. 104. 105. id.

Liebeecke, van. 19 (6 fois). 20
    (5 f.). 21. id. 22. 24
    (5 f.). 25. id. 27. id. 29.
    id. 30. 31. id. 33. 36.
    37. 39 (3 f.). 127. 145.
    155.
Liebens. 122. 125.
Liebrechts. 58. 69. id. 104.
Liedel, de. 99. 100. 103.
Liedel-de Well, de. 102. id.
    103.
Liekens. 8.
Liere, van. 70.
Liesaers. 31.
Liese. 10.
Limnander, de. 26.
Linden, van der. 9.
Lindt, van der. 19.
Lis. 91. 93.
Lis alias Leys. 82. 89.
Lisaert. 15. 17.
Liser, de. 54. 156.
Lochmans. 126. id.
Loghenhaghe, van. 115. 116.
Lokermans. 37.
Lonck. 150.
Loomans. 128.
Loops. 15.
Loosen. 125.
Loots. 153 (5 fois). 155.
Lorenzo. 136.
Loven, van. 95.
Luarca, de. 42. 99. 101.
Lucas. 12. id. 76.
Lucas alias Sondach. 75.
Lunden. 35. 69. 99. 145. id.
Luijckx. 13. 82.

𝔐.

Macqueréel. 58.
Maelen, van der. 37.
Maerschalck, de. 54.
Maes. 13. 60. id. 131. 147. id.
Maesmans. 60 (4 fois). 61 (5 f.).
   62. id.
Mahet. 79.
Maillet, de. 118. 119. 121. 155.
Maître-Jean. 125.
Malatiré. 87.
Maldeghem, van. 60.
Male, de. 19.
Male, van. 20. 63. 70.
Male, van der. 10. 75.
Malfait. 87 (4 fois). 88.
Malines, Berthout-de. 60. 145. id.
Man, de. 58 (5 fois). 63 (8 f.). 64.
   id. 65. id. 66 (3 f.). 68
   (3 f.). 73. 140. 144. 146.
Mangin. 49.
Mannery, de. 49. 115.
Marchant. 42.
Mariage, de. 90. 94.
Marles. 19. 22.
Marteau, du. 54.
Martin-de Morestel. 88.
Martinez. 114.
Martini. 56.
Martins, des. 96.
Matthyssens. 15.
Mauwens. 60. 61.
Mechelen-de Berthout, van. 60.
   145. id.
Meer, van der. 126.
Meeren, van der. 8.

Meersche, van der. 121.
Meerte, de. 118. 119 (4 fois). 120
   (4 f.). 121. 122. 155. id.
Meerte dit de Merode, de. 120.
   id. 155.
Meester, de. 104. id.
Meeus. 55. 153.
Meeussen. 107. 112.
Melbeeck, van. 124. id.
Meldert, van. 26.
Melyn. 101.
Menars. 54.
Menin, de. 78.
Merbaix, de. 37.
Merlen, van. 60.
Merode, de. 119. id. 120. id.
Merode dit de Meerte, de. 118
   (4 fois). 119 (4 f.).
Mertens. 11. 37. 42. 96. 104. id.
   134. 146. 153.
Mestraeten, van. 52.
Metermans. 40. 42.
Meulen, van der. 20.
Meurs, van. 63.
Meyer. 150.
Meyers. 15. 63.
Meys. 82.
Michiels. 150.
Michielsens. 15. 85. 104.
Middelbourg. 37.
Minderhout, van. 88. 90. id. id.
Minetia. 51.
Mire, le. 37. 38. 39. 40 (4 fois).
   41 (8 f.). 79. 99. 114. 123.
   127. 135. 136.
Moerbeke, de. 130.
Moeren, van der. 129 (3 fois).
   130. 132. 134.

Moerman et d'Harlebeke , de. 150. 151. id.
Moermeester, de. 12.
Mol, van. 17. 125.
Molenpas. 9. 13.
Molle, van. 83.
Mols. 29.
Mombeeck, de. 138. id.
Mombeeck, de Petit-. 138 (6 fois).
Monaert. 126.
Monckhoven, van. 119. id.
Monick, de. 70.
Monpré, de. 130.
Mont *dit* de Brialmont, de. 20. 72.
Montana, de. 150.
Montenaken *alias* Cools, van. 37.
Montigny, de. 96.
Montmorency. de. 18. 19. 23.
Moor, de. 37. 42. 45. 47. id. 49 (4 fois). 50. id. 51. 54. id. 70.
Moor-de Mentock, de. 137. id.
Moorsel, van. 104.
Morbiers. 125.
Moreau-de Vilheyn. 124. 125.
Morel. 99.
Moretus. 56. 63.
Mosselman. 156.
Mota. 41.
Moté. 49.
Moulin, du. 87.
Moy, de. 33.
Münch-Bellinghausen, von. 102.
Munck , de. 148. id. 149 (4 fois). 150 (3 f.). 151. id. 152. id.
Munninckx. 128.
Munte, de. 130.
Muys. 77.

Muytinckx. 34. 67 (3 fois). 143.
Myin. 132. id.

Nagels. 78.
Neeffs. 78.
Neetens. 49.
Nes, van. 126.
Neuf, de. 7. 27. 55 (6 fois). 56 (4 f.). 57 (4 f.). 62. id.
Neuf-de-Burcht, de. 56.
Neve, de. 27. 29.
Nevele, de. 42.
Neys. 132.
Nicolaerts, de. 26.
Nicolaï. 55.
Nicolas. 46.
Nieles. 71 (5 fois). 72 (7 f.). 74.
Nieulant, de. 115 (3 fois). 116 (3 f.).
Nieulant-Bruane, de. 115. 116. id. 136.
Nieulant et de Pottelsberghe , de. 116.
Nieuwendael, van. 134.
Nieuwinckel, van. 99.
No, van. 79. 80 (5 fois). 81 (4 f.). 82. id. 84 (3 f.). 86. 94. 95.
Nolet, de. 70. id. 71.
Noot, van der. 37. 114. 117. 125. 130.
Noyelle, de. 19. 22. 23.
Nuffel, van. 74. id. 75. id. 93.
Nuijs, van. 60.
Nymay, de. 41.
Nys. 59. 61. 150.

Nys, de. 128.
Nyverseel, van. 79. id. id.
Nyversoch, van. 37.

Ognate, d'. 45.
Olimaert. 145.
Omalia, d'. 125. id.
Oncle, van. 21. 23.
Ondermerck. 78.
Onghena, van. 150.
Oogh, d'. 154.
Or, d'. 104.
Orquet. 41.
Os, van. 71.
Oste. 129. 131.
Osy. 70. id.
Oudenhoven, van. 36. 70.
Oudenrogghe. 37.
Oultremont-de Wégimont, d'. 56.
Ovel, van. 81.
Overstraeten, van. 49.

Paeffenrode, van. 40. 42. 66. 70. id. 95.
Paesmans. 104.
Paige, le. 104.
Palma-Carillo, de. 36.
Pangaert, de. 118.
Pansius. 58. 63. id. 65.
Pape, de. 37. 63.
Papenhoven, van. 58. id. 59. 62. 65.
Paul. 102.

Pauwels. 20. 26. 141. 144 (4 fois).
Pauwens alias Powis. 47. 49. id. 137. id. id.
Paz y Fonseca, de. 135. 136.
Peeters. 8. 30. 36. 65. 76 (4 fois). 77 (8 fois). 78 (9 f.).
Peeters alias van Diest. 9. 77.
Pelgrom. 11.
Pels. 14. 96.
Pelsener. 153.
Pereda, de. 82.
Peyrot. 104.
Picard. 133 (4 fois). 134 (14 f.).
Piccolomini. 29.
Pierssens. 149. 150.
Piet, van der. 63.
Pieterssens. 84 (3 fois). 85 (8 f.). 89. 101.
Piette. 122.
Pin, le. 12. 76 (3 fois).
Pinceel. 77.
Pins. 63.
Piscilla. 80. 84. 86. id.
Plancken, van der. 82.
Plasschaert. 20.
Plevoets. 125.
Plisson. 76. 79. 82 (4 fois). 84.
Pluym. 30. 55.
Poel, van den. 132.
Poelmans. 17. id. 18. 125.
Poilvache. 125.
Pollart. 74.
Pommeraulx, des. 37. 63.
Porte, de le. 87.
Possemiers. 142.
Potier-de Mancourt. 88.
Potier-des Cailletières. 136.
Potteau. 82.

Pottelsberghe, de. 114.
Pottier. 41. 96. 99.
Pouppez-de Kettenis. 104.
Powis *alias* Pauwens. 47. 49. id.
      137. id. id.
Praet, van. 40. 63. 99.
Prell. 88.
Prins, de. 14.
Proost, de. 92.
Provins, de. 63.
Pruynen. 7.
Pruyssen, van. 58. 99. 102. 104.
Put, van. 17.
Putte, van de. 37. 42.
Putte, van den. 117.
Puttem, van. 60.
Puttemans. 101.
Pycke. 91.
Pynappel. 55. 57. id. 59. 62.

Quaetperts. 124. 125.
Quaribbe, de. 70.
Quartier. 132.
Quellenberg, van. 145.

Rademaker. 10. 11 (6 fois). 12.
Raedt, de. 108.
Raey. 10.
Ramondt. 57.
Ransau, de. 117.
Rasch. 110.
Rasoir. 41.

Rau, van. 8.
Ravels, van. 145.
Raveschot, de. 130.
Reintjens. 104.
Reis. 63.
Rempst, van. 132.
Renialme, de. 7. 32.
Renier. 117.
Renoldin. 54.
Rens. 131. id.
Reulx, du. 30.
Reymenich. 128. id. id.
Reynbouts. 37. 43.
Reynegom, van. 139.
Reynegom-de Buzet, van. 145.
Rheen. 69.
Ribaldi. 76.
Ridder, de. 54. 58 (8 fois). 59
      (3 f.). 63 (3 f.). 64. id. 65.
      69. 140.
Riocourt, de. 41.
Rivage, du. 116.
Ro, de. 73.
Robiano, de. 7. 19. id. 22. 23. 63.
Rocca, della. 73.
Roche, de la. 50. 51. 52. id.
Rockox. 28.
Rodart. 96. id.
Rodere, de. 94.
Rodoan-de Berleghem, de. 129.
Roelants. 124. id.
Roelof. 115.
Roels. 20.
Rogge. 37. 38.
Rogiers. 128. 129.
Rol. 63.
Rombouts. 30.
Romré, de. 28. id. 36.

Roodenbeek. 49. 113. 114. 116.
118. 121.
Roose. 14.
Roosendael, van. 33 (5 fois).
Roover, de. 70.
Rooveré, de. 80. 81.
Rosch. 122.
Roseaux. 118.
Rossoens. 65.
Rotthier. 149. 150.
Roucourt. 113.
Rousseau, le. 24. id. 28.
Roy, le. 32. 55.
Rubens. 33. 78.
Rustici. 95.
Ryck, de. 148. 149.
Ryckaert. 90.
Ryckx. 88.
Rynaert. 81.
Ryssels. 29. id. 30.
Ryswick, van. 96.

Saes. 17.
Saint-Phalle, de. 63.
Salandt, van. 58.
Saldaigne, de. 145.
Salibos. 11.
Samson. 88.
Sandelin, de. 37.
Sanden, van. 82.
Santernel. 9.
Santvliet, van. 16.
Sare-de Maneghem, van der. 152.
Sarolea, de. 126.
Schalie. 99. id.

Schats. 124.
Schayes. 28.
Schellekens. 26.
Schelstrate, van der. 63.
Scheppere, de. 88. 93. id.
Schevers. 85.
Schiets. 89. 94.
Schinen. 47.
Schloissnigg, von. 102. id. id.
Schockaert. 37. 63.
Scholier. 28.
Scholten. 14.
Schooff. 31.
Schoonendonck, van. 54.
Schoonjans. 77. id.
Schoor, van. 83.
Schoorenbroot. 26. id. id. 37.
Schoremans. 17.
Schot, de. 12. 13. id. 76. 77
(3 fois). 79.
Schot , de (voir Douglas de
Schot).
Schoutheete-de Tervarent , de.
150.
Schrynmakers. 58. (3 fois). 63.
Schrynmakers-de Dormael. 58.
Schueren, van der. 88. 145. id.
Schutter, de. 142.
Schuyl. 49. 127 (3 fois). 128 (4 f.).
133. 153. 154. 155.
Schuylinckx. 7. 10. id. 25. 37. 54.
57.
Schwarts. 91. id.
Schweling. 106.
Scoyen. 125.
Sebrechts. 16 (3 fois). 17. id.
Seghers. 133.
Serhuyghs, 't. 89. 92. 137.

Serraerts, 't. 138.
Serre, le. 41.
Serruys. 104.
Sersanders *dit* de Luna, 't. 130.
Sestich, van 't. 114.
Seulin. 41.
Severdonck, van. 30.
Sheridan. 104.
Sicheran. 42.
Sillevoorts. 40. 42.
Smet. 148.
Smets. 122.
Smissen, van der. 126.
Smit, de. 8.
Snagels. 54.
Snavels. 32.
Snellinck. 9.
Snyers. 32. 56. 66.
Sobrino, de. 42.
Sodar. 102.
Sohy. 82. 83. id. id.
Solvyns. 104. id.
Sonnius. 36.
Soolmaker. 76.
Sophie. 42.
Speckx. 144.
Speeckaert. 42.
Speelman. 134.
Speyen, van der. 117.
Spinola. 30.
Spontin, de. 7.
Sporon. 127.
Sproncholf. 20. 115. id.
Staessens. 34.
Stampioen. 37.
Stappen, van der. 97.
Steemaer. 114. id.
Steen, van den. 96.

Steenecruys. 78.
Steenekuyl. 106.
Steenmetsers. 94.
Stegen, van der. 63.
Stelsius. 9 (6 fois).
Stembier, de. 126. id. id.
Sterck. 14. id. 15. 82.
Sterck *alias* van der Stockt. 14.
Stercke. 18. 19. id.
Steurs. 95.
Stevens. 17. id. 81. 88.
Steydlin. 60.
Steymans. 56.
Steynemeulen, van. 20. 30. 31.
Steynen. 31.
Stock, van den. 76.
Stock, van der. 140.
Stockmans. 26 (6 fois). 27 (3 f.).
　　　　30. 31. id. 127. id.
Stockt, van der. 14.
Stroobants. 121.
Struys. 9.
Stuyck. 128.
Subbinckx. 121.
Suberlin. 41.
Sulz. 19.
Surmondt, de. 42.
Surple, van. 37.
Swaene, de. 77.
Swennen. 124. 125.
Swieten, van. 70.
Swolfs. 122.

Tahon. 134.
Taelen, van der. 156.

Taets *alias* Tasse. 7. 32. id. 66.
Taye. 129. id.
Tenremonde, de. 37.
Terlinden. 42.
Therissart. 96. id.
Theux, de. 109.
Thiboult. 8. id. 9.
Thielens. 87. 88. 94.
Thuynen, van. 20.
Thysebaert. 42.
Tichelt, van. 99.
Tiecken. 125.
Toict, du. 63.
Toledo, de. 135. 136.
Tommen, van der. 130. 138.
Torfs. 141 (4 fois). 142 (3 f.). 143
      (9 f.). 144. 147. 148.
Torre, de la. 17.
Tour, de la. 124. 125.
Trappé, de. 126.
Triest. 130.
Trieu, du. 144. 145.
Trigaux. 91. id. id. 92.
Trigaux-de Marneffe. 88. 91.
Trille, van. 14.
Trompert. 139.
Tucher. 96.
Turbet. 106.

U.

Uckelroij, van. 82. 84.
Uffele, van. 7.
Uffels, van. 45. 70. 72. 95. 96. 127
      (3 fois). 128 (3 f.). 129.
      144.
Ullens. 17. 70. 71. id. 72. id. 99.

Ursel, van. 121.
Usselinckx. 124. id.
Uterhellicht. 37.

V.

Vael, del. 55. 56.
Vaes. 125. 133.
Vaets. 123. 124. 126. id.
Valckenaer, van. 145.
Valckenisse. van. 61. 73. id.
Valckx. 82.
Valladolid, de. 117.
Vecquemans. 11.
Veen, van. 37.
Vekemans. 37.
Velarde, de. 48.
Velde, van de. 42. 78.
Velsen, van. 104.
Ven, van de. 26.
Vende, van de. 104.
Venesoen. 76.
Venne, van de. 65. 122.
Verachter. 14. id. 104.
Verbrugge. 130.
Verdavoine, de. 42.
Verhaegen. 141. id.
Verhaeght. 8. 17.
Verhaer. 32.
Verluyten. 37.
Vermanden. 89.
Vermeulen. 25. id. 63.
Vermeylen. 124.
Vermoelen. 141.
Verplancken. 10.
Verrassen. 82.
Verreycken. 143.

Verschuylen. 88. 89. id. id
Versmessen. 150. 151. id. id. 152.
Verspreet. 34. 36. id.
Verstegen. 61.
Vertommen. 141. 143. id.
Verveken. 17.
Ververs. 91.
Vervoort. 95.
Viane. 87.
Vidal. 100.
Vierpyl. 76. 77. 78. id. id.
Villa-Vicencio-d'Escaudeuvres ,
      de. 117 (4 fois). 136. 155.
Villegas, de. 145. id.
Villerey, de. 49. 50 (8 fois). 53.
Vincent. 45. 77.
Vincx. 35.
Visé, de. 124.
Vivier, du. 104.
Vlemincx. 107. id. 112. id.
Vleugaert. 43.
Vloers. 70.
Voets. 44. id. 45.
Volcxem, van. 91.
Voort, de. 117.
Voort, van der. 66.
Vorst, van der. 37.
Vorstenbosch. 26.
Vos, de. 31. 70. 78. 83. id. 84
      (3 fois). 85. 89. 95. 137.
      138. 146.
Vos-van Hamme, de. 83. 89.
Voskens. 124. 126.
Vrancx. 37.
Vrerix. 123 (5 fois). 124. id. 126
      (3 f.).
Vreven. 107. id. 112. id.
Vroom, de. 96.

W.

Wael, de. 69. 72. 104.
Waepenaert, de. 152. id.
Waets. 145.
Waggens. 55. id. 57. id. 62. id.
Wal, van de. 96.
Walckiers. 93. id.
Walckiers-de Tronchiennes. 90.
Walle, van de. 35. 145. id.
Wallincourt, de. 41.
Walschaert. 29.
Wandelaers. 6. 14.
Wannemaecker, de. 63.
Wansyn, de. 40.
Wauwen, van der. 51. 52. 53. id.
      54.
Way, le. 8. 13. id. id.
Wee, van der. 78.
Weerde, van. 63.
Weert, de. 78. 128. id.
Werve-de Vorsselaer, van den.
      56.
Wesenbeeck, van. 95.
Westen, tot. 14.
Wetteren, van. 48.
Wever, de. 133.
Wich. 88.
Widdenhorst. 124.
Wiele, van de. 128. id.
Wiggers. 35.
Wilde, de. 58. 63. 102.
Wildens. 30.
Willemsens. 15.
Willigen, van der. 71.
Wilsens. 124.
Winghen, van. 99. 100. 104.

Winter, de. 70. 82. 128.
Wissels. 128.
Wit, de. 129.
Witte, de. 12 (7 fois). 13. 75. 77.
       78. 106. 109.
Wittebol. 83.
Wittenvronghel. 132.
Woelput, van. 96.
Woestyne, van de. 130.
Wolff. 110.
Wolfhecker. 141. id.
Wolters. 5. 6.
Wonsel, van. 137.
Woort, van. 70.
Wouters-de Termeghem. 146.
       147. 150.
Wouwer, van den. 37. id. 141.
Wouwere, van den. 37.
Wtberghe. van. 150.
Wuyts. 110.

Wyckersloot, van. 104.
Wynaers. 13.
Wynants. 88. 90. id.
Wynckelman. 115.
Wyse, de. 117. 121.
Wytens. 41.

Zacharias. 133.
Zegers. 27 (4 fois). 28. id. 29
      (7 f.). 30 (8 f.). 31. 32.
      35. 36. id. 45.
Zele, van. 13. 14.
Zeumen, van. 128.
Zillen. 37.
Zuylen. 37.
Zyl. 70.

TABLE DES BLASONS.

AELST. pl. IV.

AKEN, van. VIII.

AUDENROGGE. III.

BAERT. VIII.

BARNABA. IV.

BARTHOLEYNS. VII.

BEECK, van. VI.

BEKEN, van der. VII.

BEYDAELS. VII.

BIE, de. V.

BISTHOVEN, de. V.

BOUCHOUT, van. II.

BROGNIEZ, de. VI.

BROOMANS. II.

CAVERSON, van. IV.

CLERCX, de. VII.

COCQUIEL, de. VI.

COGET. VI.

CORDUWAÉN. II.

COURTOIS. III.

DURY. IV.

EELKENS. V.

FORCKHOUDT. VII.

FORGET. IV.

GANSACKER. VIII.

GAST. II.

GOOSSENS. III.

HOONS. II.

HOPPENBROUWER. V.

JACOBS. VI.

JONGHE, DE. III.

LAET, DE. V.

LIAGRE, DE. V.

LIEBEECKE, VAN. III.

LOOTS. VIII.

MAESMANS. IV.

MAN, DE. V.

MERODE *dit* DE MEERTE, DE. VI.

MIRE, LE. IV.

MOEREN, VAN DER. VII.

MOOR, DE. IV.

MUNCK, DE. VIII.

NEUF, DE. IV.

NIELES. V.

NIEULANT, DE. VI.

NYVERSEEL, VAN. V.

PELS. II.

POELMANS. III.

SCHUYL. VII.

SEBRECHTS. III.

SNELLINCK. II.

STOCKMANS. III.

TORFS. VII.

ULLENS. III.

VILLA-VICENCIO, DE. VI

VRERIX. VII.

WANDELAERS. II.

WITTE, DE. II.

WOUTERS *dit* DE WESTPHALIE. PL. I. et page 5.

WOUTERS-DE TERMEGHEM. page. 147.

WYSE, DE. VI.